U0909563

《般若经》与东亚佛教

——中日佛学会议论文集

主　编　张风雷　【日】菅野博史
副主编　张文良　【日】蓑轮显量

宗教文化出版社

图书在版编目（CIP）数据

《般若经》与东亚佛教：中日佛学会议论文集 / 张风雷主编 .
北京：宗教文化出版社 ,2024.9. --ISBN 978-7-5188-1601-9

Ⅰ .B942.1-53；B948-53

中国国家版本馆 CIP 数据核字第 20244ME431 号

《般若经》与东亚佛教

——中日佛学会议论文集

主　编 张风雷　［日］菅野博史

副主编 张文良　［日］蓑轮显量

出版发行： 宗教文化出版社
地　　址： 北京市西城区后海北沿 44 号（100009）
电　　话： 64095215（发行部）　13621175961（编辑部）
责任编辑： 王鸣明（64257074@qq.com）
版式设计： 贺　兵
印　　刷： 河北信瑞彩印刷有限公司

版本记录： 880 毫米 ×1230 毫米　32 开　7 印张　200 千字
2024 年 9 月第 1 版　2024 年 9 月第 1 次印刷
书　　号： ISBN 978-7-5188-1601-9
定　　价： 98.00 元

目录

吉藏《大品经玄意》研究序说

日本创价大学教授　菅野博史

序　言

吉藏（549–623）的《大品经义疏》收于《大日本续藏经》而未收于《大正新修大藏经》。全书10卷，缺第二卷[①]。作为底本的写本非善本，特别是卷四的前半部分多处漫漶不清，难以识读。本疏是鸠摩罗什所译《大品般若经》27卷的注释书。吉藏关于《般若经》的注疏，除了《大品经义疏》之外，尚有《金刚般若疏》4卷、《仁王般若经疏》6卷。也有人认为《大品游意》非吉藏的著作而是慧均

① 《大品经义疏》卷第八末记载："久安六年正月二十七日，以劝修寺本写了次且交了。无相大乘珍海执笔。"（X24，305a12–13）即此本为珍海（1091–1252）于1150年，在劝修寺所抄写。卷第十末又记载："嘉元三年二月下旬候，以东南院古本，终交合切（→功）了。但彼本第二、第四欠之间至第四卷者，以真禅院本补之。第二卷者，两本共欠。迄寻他本，可书续者也。"（同前书，345c17–20）1303年，又抄写东南院古本（或即珍海的抄本），由于欠缺第二卷与第四卷，故以真禅院本补第四卷的内容，而第二卷仍缺。参见《佛书解说大辞典》第七卷（第494页）。而续藏本关于底本和对校本未做任何说明，或许是以东南院的古本为底本，脚注中所标"一本"应该是指真禅院本。

的著述[①]。平井俊荣根据《大品经义疏》开头的“胡吉藏法师撰　开皇十五年正月二十日记”（X24，196a8–9。以下只标记页段行）的说法，在承认此书是吉藏在会稽嘉祥寺时代所撰的同时，反驳了村中祐生的观点[②]。村中推测相当于《大品经义疏》卷第一的《大品经玄意》是其晚年的著述，因为它在思想上与《涅槃经游意》《二谛义》《胜鬘宝窟》《金刚般若疏》《法华游意》《维摩经义疏》《法华玄论》《法华义疏》《大品游意》等九部著作皆有关联，应该是在参考这些著作的基础上完成的。

《大品经义疏》卷第一的主要内容是对“摩诃般若波罗蜜经”这一经题的解释，亦名《大品经玄意》。在进入对《大品般若经》的注释之前，关于三论学派对《大品般若经》与《涅槃经》的讲义的传统云：

> 上（→止）观师六年在山中，不讲余经，唯讲《大品》。临无常年，诸学士请讲《涅槃》。师云，诸人解《般若》，那复欲讲《涅槃》耶？但读三论与《般若》自足，不须复讲余经。诸学士既苦请，师遂为商略《涅槃》大意，

① 参见伊藤隆寿：《大品游意考（续）——经题释を中心として》，《驹泽大学佛教学部论集》6，第97–120页。这篇论文主要考察了《大品游意》的内容（作者怀疑此书为吉藏所撰，认为很可能是慧均的《大乘四论玄义记》失传的“般若义”的内容），同时对《大品游意》与《大品经玄意》进行了比较。由于关于《大品经玄意》的先行研究很少，伊藤的相关研究可以说是关于《大品经玄意》（特别是关于经题释部分）最详细的研究成果。

② 参见平井俊荣书（1976，pp. 364–369），以及村中祐生书（1968，pp. 306–308）。

释本有今无偈而已。唯留心于《般若》。兴皇初出讲《波若》。师北岸得《大论》文墨，还始讲《大论》也。然此经好（→始）讲，而有两论解释故。一者，三论通论此经之心髓；二者，《大论》释此之本义。此之二论，复是关中什师并融叡等对翻论文，言精要义，可依信。为此故，留心寻讲也。今当得商略其意。然山门已来，道义不作章段，唯兴皇法师作二谛讲。开十重者，此是对开善二谛十重故作，其外并无。后人若作章段者，则非兴皇门徒也。（196a10–21）

由此可见，止观寺僧诠（山中大师，生卒年不详）当时只讲了《大品般若经》，但由于弟子们反复劝请，要求他讲解《涅槃经》，于是只对“本无今有偈”[①]做了讲解[②]。而兴皇寺法朗（507–581）得到《大智度论》并讲解之。在讲解《大品般若经》之时，告诉大家，值得信赖的解释有三论和《大智度论》。此外还提到，在二谛义的解释之外，在注释经典之际不设章段是法朗以后三论学派的传统。

---

① 指《南本般涅槃经》卷第十《如来性品》“本有今无，本无今有；三世有法，无有是处”。（T12，422c15–16）

② 关于这一问题，可参考平井俊荣:（《中观论疏における涅槃经の引用——その思想的背景》,《驹泽大学佛教学部论集》2，第35–55页）根据平井的研究，僧诠这么做的理由是：弟子们已经理解了《般若经》，没必要再讲解《涅槃经》；自己只有大约五年的余命，不能全部讲完大部头的《涅槃经》；关于《涅槃经》的部分内容，已经从无所得的立场做了简洁的解释；法朗曾向僧诠询问有关《涅槃经》的问题，并得到僧诠的指导。另参见菅野博史:《吉藏の涅槃经观——涅槃经游意を中心として》,《印度学佛教学研究》65（1），2017，第449–441页［L］。

一、《大品经玄意》构成与科判

紧接上述引文之后，吉藏云："今前释此经题。言摩诃般若波罗蜜经者，此有四句：一摩诃；二般若；三波罗蜜；四修多罗。虽有四句，只成一句，今离为四句释之。"（196a22-24）即在进入随文释义之前，将"摩诃般若波罗蜜经"的经题分为"摩诃""般若""波罗蜜""经"四句，分别进行解释。而《大品经玄意》的内容，如下面的科判所示，由十章组成，而释经题相当于第一章。由于没有对此加以说明，而且之前关于僧诠的引文显得突兀，都给读者以本疏欠缺体系性的印象。特别是第一章（本文中明确标出了第二章至第十章，但没有明言何处是第一章）的记述缺乏体系性。以下是笔者的科判。数字之后的括号内的内容是《新纂大日本续藏经》所收版本的页、段、行。关于项目名，有的利用了《玄意》本身的说法，有的则是笔者酌情所加，有的不仅仅是项目名也包括对内容的简单概括。

0.（196a10） 序。

1.（196a22） 释经题。

1.1.（196b1） 释摩诃。

1.1.1.（196b5） 不可翻。

1.1.2.（196b8） 释摩诃为大、胜、多。

1.1.3.（196b10） 大、多、胜三义中，大为正确译语。

1.1.3.1.（196b18） 介绍过去三说。

1.1.3.1.1.（196b18） 招提寺慧琰之十义（境大、人大、体大、用大、因大、果大、导大、离过大、力用大、教大）。

1.1.3.1.2.（196c5） 慧琰之后注疏者之五义（境大、体大、用大、因大、果大）。

1.1.3.1.3.（196c9） 灵观法师之四义［果果大（《涅槃经》）、果大（《华严经》）、果大・果果大（《大集经》）、因大（《般若经》）］。

1.1.3.2.（196c15） 问答。

1.1.3.2.1.（196c15） 第一问答——关于对三说是否有褒贬的问题，回答是“有”，并对慧琰之十义进行批判。

1.1.3.2.2.（196c20） 第二问答——从吉藏的立场出发提出为何不立“智大”和“法大”，对此，从慧琰的立场说明了不立“法大”的理由。

1.1.3.2.3.（196c22） 第三问——从吉藏的立场出发，批判了如果基于第二答的理由就没有必要立“用大”的观点，但只有问而无答。接下来是对后人之五义与灵观法师之四义的批判。

1.1.3.2.4.（197a7） 第四问答——不仅批判三说，而且提示了与此相类同的解释。引用《十二门论》，提示“大”之六义（待大、果大、果大・人大、因大、得大・离大、境大・智大）。又提到《涅槃经》的相待大、绝待大、《大品般若经》的相待空（十八空）、绝待空（独空）[①]，指出三论一家中有“相待大”和“绝待大”。

1.1.3.3.（197a22） 明“相待大”和“绝待大”。

1.1.3.3.1.（197b2） 第一问答——回答为什么要明“相待大”“绝待大”。

1.1.3.3.2.（197b8） 正明“相待大”“绝待大”之名。有几重问答。

1.1.3.3.3.（197c2） 明大小之四句。

1.1.3.3.3.1.（197c4） 非大非小［洗病，释中（道）之义］。

1.1.3.3.3.2.（197c8） 非大非小结归大小（双游之义、体用之义）。

1.1.3.3.3.3.（197c10） 非大非小偏结于大（叹美引进之义）。

1.1.3.3.3.4.（197c13） 非大非小结归于小（昔之小乘、王宫之生）。

1.1.3.3.3.5.（197c16） 问答。

1.1.3.3.3.6.（198a7） 有方待、无方待的四句、有方绝、无方绝的四句[②]。

1.1.3.3.3.7.（198a15） 问答——三种绝（究竟绝、渐舍绝、

① 伊藤云，虽然本文是“十八空等为相待，空独空为绝待义”，但准确地说，应该表达为“十八空等为相待空，独空为绝待义”。参见《法华游意》：“《智度论》云：十八空为相待空，独空非相待空。”（T34，642a5–6）

② 关于“方”的含义，伊藤认为“可以理解为‘罗列’”，但“方”应该是比较之意，对“大”和“小”进行对照比较，称为“有方”；对“大”与“大”“小”与“小”进行比较，可以理解为“无方”。

待绝）。

1.1.3.3.3.7.1.（198a16） 究竟绝。

1.1.3.3.3.7.1.1.（198a17） 波若之绝。

1.1.3.3.3.7.1.2.（198a20） 涅槃之绝。

1.1.3.3.3.7.1.3.（198a22） 第一义悉檀之绝。

1.1.3.3.3.7.2.（198a23） 渐舍绝。

1.1.3.3.3.7.3.（198b4） 待绝。

1.1.3.3.3.8.（198b6） 五问（主要关于“绝待大”之名称）。

1.1.3.3.3.9.（198b23） 问答——绝待大与四悉檀之关系。

1.1.3.3.3.10.（198c9） 诸问答。

1.1.3.3.3.11.（199a18） 释大之义。

1.1.3.3.3.11.1.（199a18） 第一问答——关于“大”之义，明四种旧释（广博之义、包含之义、常之义、莫先之义）。

1.1.3.3.3.11.2.（199b13） 依四种释（依名释、竖释、横释、无方释）而释“大”。

1.2.（199c20） 释般若之义。

1.2.1.（199c20） 明天竺之梵音。

1.2.2.（200a10） 明此土（中国）之译。

1.2.2.1.（200a10） 明六家（道安之“清净”、敷法师之“远离”、某师之“明度”、《大智度论》之“慧”、《大智度论》卷第四十三之“智慧”、慧琰之“不可翻”）。

1.2.2.2.（200b4） 批判六家。

1.2.2.3.（200b4） 会通般若深重与《涅槃经》之“波若者谓诸众生”。

1.2.2.4.（200b4） 与将般若翻译为智慧相关联，批判持公之三种波若（实相波若、方便波若、文字波若），明实相波若、观照波若、文字波若三种波若。

1.2.2.5（201b10） 明五种毗昙（自性毗昙、共有毗昙、方便毗昙、境界毗昙、文字毗昙）与三种波若之关系。

1.2.2.6（201c10） 更释三波若——批判持公之方便波若。

1.2.2.7（202a10） 明智、慧、见、忍之区别。

1.2.2.8（202c23） 释波若。

1.2.2.8.1（202c23） 说明龙树之前的六解（无漏慧根、有漏、从初发心到金刚三昧的因位、有漏·无漏、有为·无为、离四句绝百非）并进行批判。

1.2.2.8.2（203b21） 南土之解释——将空解理解为波若，并认为空解中有“真解”与“似解”，对此进行种种讨论。

1.2.2.8.3（204c9） 明断伏之义。

1.2.2.8.3.1（204c9） 中假之断伏（“至中假义中当广述”204c11）。

1.2.2.8.3.2.（204c12） 明“道（导）”之义（引导之“导”、开导之“导”、导成之“导”之三义与导前之义、导后之义、导前后之义之三义）。

1.3.（205b22） 释波罗蜜。

1.3.1.（205b22）三音（波罗伽、波罗蜜、阿罗蜜）与译语（度彼岸、彼岸到、远离）。

1.3.2.（205c1） 波罗蜜的三翻（彼岸到、事究竟、度无极）。

1.3.3.（205c5） 三种波若（实相波若、观照波若、文字波若）与三种波罗蜜（实相波罗蜜、观照波罗蜜、文字波罗蜜）的对应关系。

1.3.4.（205c24） 到彼岸与度彼岸之同异。

1.3.5.（206a11） 关于度之二释（永免[①]与究竟）。

1.3.6.（206a21） 波若与波罗蜜之同异。

1.3.7.（206c2） 此岸与彼岸之定义（智藏之说、僧旻之说、三论一家之说）。

1.4.（207a19） 明修多罗。

2.（207a19） 序说经之意。

3.（208a2） 明部傥之多少。

4.（208b4） 辨开合。

5.（208b21） 明前后。

6.（208c5） 辨经宗。

7.（208c19） 明显密。

8.（209c20） 辨教。

---

① 原文作“永免”，伊藤根据《大品经游意》之“度者水剋（一本作‘勉’）也”（T33，65a14），认为这里当作“水剋”。但因为《大品经玄意》有“圣永免颠倒义，名为波罗蜜”（206a22–23）的说法，“永免”义亦通。

9.（210b20） 明传译。

10.（210c13） 依文解释。

二、内容的考察

由于《大品经玄意》本身并没有严密的体系，所以以上的科判也许并没有体系性，只是为了便于对《大品经玄意》的内容进行整体把握而方便为之而已。观以上的科判可以看出，《大品经玄意》第一章对经题进行解释的内容就占到全部内容的十分之七左右。吉藏似乎是在未对玄意全部内容进行体系化整理的情况下就对诸多论题展开讨论。如文中罗列了诸多问答：在 1.1.“释摩诃”之外，尽管已经指明“摩诃”的正确译法为“大”，仍设 1.1.3.3.3.11.“释大之义”。关于这一部分，伊藤隆寿（1975）有比较详细的说明。笔者亦准备对此进行考察，但限于篇幅，在此仅对第二章以下的内容略做考察。

第二章“序说经之意”，提出说《大品般若经》的九大理由，但其中采用了《大智度论》卷第一的部分内容（T25，57c–62c）。《金刚般若疏》卷第一（T33，84a8–85a17）也有类似的内容，而且更为详细。具体而言，《金刚般若疏》多对《大智度论》所引用经典原原本本地加以引用，而《大品经玄意》往往只引用结论的部分。如果推测两本著作的前后关系，既有将简略的东西加以展开的可能性，也有将详细的东西简略化的可能性。从实际操作的角度看，先详而后略的做法更容易。由此之故，笔者倾向认为《金刚般若疏》的成立先于《大品经玄意》，即后者是在对前者进行概括的基础上成立的（如下所示，二者之间类似的地方都存在这种情景）。此外，吉藏在这里还提到，从博地（薄地）凡夫到十地以前的菩萨都应该学般若[①]。

第三章“明部傥之多少”，对般若部经典进行了分类。关于“二种般若”，引用《大智度论》卷第四十一、卷第九十九的说法，分为对于声闻共说的般若和只对十地菩萨所说的般若[②]。关于“三种般若”，分别引用《大智度论》的《光赞经》《放光经》《道行经》分类说和《小品经》《放光经》《光赞经》分类说[③]，认为《道行经》与《小品经》是同一经典。关于“四种般若”，引用僧叡《小品经序》，指出存在四经[④]，但没有标出具体的经名，而《小品经序》也未提及经名（只标出了十万偈、六百偈、《大品经》）。关于“五时般

① “所以从博地凡夫以上，乃至十地以还，皆须学波若也。”（207c24–208a1）

② 与《大品经玄意》所标出的卷数不同，在《大智度论》卷第一百有如下类似的说法：“复次，如先说，般若有二种：一者，共声闻说；二者，但为十方住十地大菩萨说，非九住所闻，何况新发意者！”（T25，754b22–25）

③ 《大智度论》卷第六十七：“是般若波罗蜜部党经卷有多、有少，有上、中、下。光赞、放光、道行。”（同前，529b22–23）同卷第七十九：“何以故？般若波罗蜜无量相故。名众等言语章句，卷数有量，如《小品》《放光》《光赞》等般若波罗蜜经卷章句，有限有量。”（同前，620a10–13）

④ 僧叡《小品经序》（《出三藏记集》卷第八所收）云：“斯经正文，凡有四种。是佛异时适化，广略之说也。其多者，云有十万偈；少者六百偈。此之大品，乃是天竺之中品也。”（T55，55a7–9）

若”，基于《仁王般若经》[①]的说法，将其分为《摩诃般若》《金刚般若》《天王问般若》《光赞般若》《仁王般若》。关于“八部般若”，引用菩提流支之文[②]，将其分为十万偈、二万五千偈、二万二千偈（《大品经》）、八千偈（《小品经》）、四千偈、二千五百偈、六百偈（《文殊师利问般若经》）、三百偈（《金刚般若经》）。具体内容，兹不赘述。相关内容也出现于《金刚般若疏》卷第一（T33，86a23–c18），且更为详细。

第四章“辨开合”，考察为什么《般若经》有多部的问题。《金刚般若疏》卷第一（T33，86c23–87a17）也有类似的说法，而且更为详细。本来，应该对两著关于所有相关项目的内容都列表对照，但限于篇幅，这里仅对“辨开合”的部分，将两著相关内容对照如下：

---

① 《仁王般若波罗蜜经》卷第一：“四无所畏，十八不共法，五眼法身，大觉世尊。前已为我等大众，二十九年说摩诃般若波罗蜜、金刚般若波罗蜜、天王问般若波罗蜜、光赞般若波罗蜜。”（T08，825b19–23）

② 菩提流支译《金刚仙论》卷第一：“《金刚般若波罗蜜》者，总括八部之大宗，契众经之纲要。其所明也，唯论常果佛性及十地因。因满性显，则有感应应世，故说八部《般若》。以十种义，释对治十。其第一部十万偈（《大品》是），第二部二万五千偈（《放光》是），第三部一万八千偈（《光赞》是），第四部八千偈（《道行》是），第五部四十千偈（《小品》是），第六部二千五百偈（《天王问》是），第七部六百偈（《文殊》是），第八部三百偈（即此《金刚般若》是）。”（T25，798a5–12）

《大品经玄意》	《金刚般若疏》
第四辨开合。 问曰，余经更无再说，何故《波若》诸部无量？ 答，佛经无量。来汉地者，盖不足言。但今唯见《波若》多部，未见余经多耳。而今且论《般若》多部者，众生入道，多由《般若》。所以者何？一切凡夫不得道者，皆由有依着。《般若》正破众生有所依着，故说无依无著之法。般若亦是真实忏悔，故诸大乘经辨真实忏悔，皆依波若。如《普贤观经》云，一切业障障海，皆从妄想生。若欲忏悔者，端坐念实相。《涅槃》亦云，若闻无作无受，王之重罪，必得除灭。	第三辨开合。 问，余经曾无再说。何故《波若》诸部无量。 答，佛经无量，来汉地者，盖不足言。但今唯见《波若》多部，未见余经多耳。而今且论《波若》多部者，众生入道，要由《波若》。所以者何？一切凡夫未得道者，皆由有所依着。《波若》正破众生有所依着，故说无依着之法。波若是真实忏悔，故诸大乘经辨真实忏悔，皆依般若。如《普贤经》云，一切业障障海，皆从妄想生。若欲忏悔者，端坐念实相。《大涅槃》亦云，若闻无作无受，王之重罪，必得除灭。 问，诸经各说无所得法，各灭重罪。云何独言诸经灭罪，皆依《波若》？ 答，诸大乘经，虽并是无依无得，但《波若》多作无依无得之说，正破众生依得之病。余经不尔。至如《涅槃》正明常无常，《法华》明会三归一之法，《华严》广明菩萨因果德行，不正辨无依无得。为是义故，众经说得道之与灭罪，要须《波若》。
是以《波若》有多部不同。取其大要，众生常有依着之病，故佛说无依得法。如《二夜经》云，从得道夜，至泥洹夜，常说波若。五时八部何足为多？ 问，波若五时，既为五部，华严八会，何不八部？八会既合一部，五时何不合耶？	是以《般若》有多部不同，取其大要，众生常有依得之病，是以如来常说无依得法。如《二夜经》云，佛从得道夜，讫至泥洹夜，常说波若。五时之与八部何足为多？ 问，般若五时为五部，华严八会何故不为八部？八会既合为一部，五时何不合为一部？

《大品经玄意》	《金刚般若疏》
答，通而为论，皆得相类。今不然者，华严八会，此义则前后相成，如前说。十信、十住、十行、十回向、十地及大小相海，此则浅深次第，因果相成，故得为一部。五时波若，非是浅深次第、前后相成，故各开五时。（208b4-20）	答，通而为论、皆得相类。今不尔者，华严八会，此义则前后相成，如前说。十信、十住、十行、十回向、十地及大小相海，此即浅深次第，因果相成，故得合为一部。五时般若，非是浅深次第前后相成，故各开五部。（T33, 86c20-87a17）

通过比较可以看出，《大品经玄意》删除了《金刚般若疏》中的一处问答。从上下文看，《金刚般若疏》中的这一处问答非常重要，《大品经玄意》不删除的话，读者更容易理解上下文的内容。当然，《大品经玄意》在结构上，经题释分量最重，故对其他内容都做了缩减。这也是《大品经玄意》的一个特征。

第五章“明前后”，即讨论《大品般若经》与《金刚般若经》说时的前后。其得出的结论是，不仅是《般若经》，而且一切经典的说时都不是固定的[①]。《金刚般若疏》卷第一（T33，87a18-c3）也有类似的说法，而且更为详细。

第六章“辨经宗”，诠释《般若经》的宗体。指出过去曾有以境、智、因、果为宗的说法，但并没有对其内容展开讨论。关于三论学派的立场则云：“不同不异，不自不他，无依无得，一无所住，即是波若之玄宗。有所依住，皆非波若宗也。”（208c8-10）“波若非因非果，正以因果为宗。故云，因名波若，果名萨婆若。此因果

① 这种说法与智顗的五时判教中的“别五时”“通五时”中的“通五时”相类似。“别五时”指佛说诸经的前后时间是固定的，而“通五时”则指佛并不是在特定时间说特定经典，而是根据需要自由自在地说一切经典。

表其正体非因非果也。”（208c16–17）《金刚般若疏》卷第一（T33，87c4–88b17）也有类似的记述，而且更为详细。

第七章“明显密”，即说显密四门、傍正四门。关于显密四门，“大明一化，凡有四门。一显教菩萨不密（化）声闻，即《华严》也；二显教（←故）声闻不密化菩萨，即三藏也；三显教（←故）菩萨密化声闻，即《般若》也；四显教（←故）菩萨显化声闻，即《法华》故也”（208c18–21）。基于对菩萨与声闻的显露、秘密的教化态度，对诸经典的特征进行整理，是一种判教的思想。类似的思想也见于《法华游意》（T34，645a8–18）、《净名玄论》卷第七（T38，900b1–11）、《维摩经义疏》卷第一（同前，909b24–c4）、《三论玄义》（T45，5c10–19）等。关于傍正四门，“复有傍正四门。一正显真实，傍开方便，即《华严》也；二正开方便，正隐真实，即三藏也；三正显真实，傍开方便，即《波若》等故也；四正开方便，正显真实，即《法华》之教也。”（208c21–24）基于如何诠释真实与方便（正或傍），对诸经典进行整理，也是一种判教思想。类似思想亦见于《法华游意》（T34，645a25–b6）、《净名玄论》卷第七（T38，900b12–23）、《维摩经义疏》卷第一（同前，909c11–28）。之后的内容则是以多重问答对《法华经》与《般若经》进行比较。[①]

第八章“辨教”，关于判教的讨论。在开头部分云，“南方五时之说，北土四宗之说，无文伤义。昔已详之，今略而不述也。”

---

① 菅野博史曾考察了吉藏在《法华经疏》中对《法华经》与《般若经》的比较。吉藏在《法华经疏》中的观点与此处的观点多有重叠。

（209c20–21）似乎让读者参考《法华玄论》的相关说明，但亦云："或始终俱大，或初后并小，或始小终大，或始大终小。"（209c23–24）其说法与《法华玄论》卷第三（T34，384b16–20）的说法类似。

第九章"明传译"，对《大品般若经》的翻译过程进行说明。介绍了朱士行在于阗得到《大品般若经》的逸话。《金刚般若疏》卷第一（T33，90b22–c10）也有"辨传译"，由于所说的经典不同（《大品般若经》与《金刚般若经》），其内容当然也不同。

第十章"依文解释"，指《大品经义疏》卷第二以后的随文释义部分。释义的基本方法是"而多依傍大论，亦义承有本，莫疑也"。（210c14）

三、小　结

鉴于《大品经玄意》的内容体系性不强，为了便于对其整体构成的把握，本稿对其做了科判。本疏共十章，其中第一章的主要内容是对经题的注释。本稿对第二章至第十章的内容做了简要说明。由于相关内容与《金刚般若疏》多有类似，《大品经玄意》很可能是对《金刚般若经疏》的相关内容进行概括的基础上成立的。由于关于吉藏的《般若经》注释书的先行研究有限，故尚有大量课题有待深入研究。

（张文良 译）

【略号】

T:《大正新修大藏经》

X:《新纂大日本续藏经》

参考文献

1. 伊藤隆寿:《大品游意考（续）——以经题释为中心》,《驹泽大学佛教学部论集》6，1975 年，第 97-120 页。

2. 菅野博史:《中国法华思想研究》，春秋社，1994 年。

3. 菅野博史:《吉藏的涅槃经观——以〈涅槃经游意〉为中心》,《印度学佛教学研究》65（1），2017 年，第 449-441 页。

4. 平井俊荣:《中观论疏对〈涅槃经〉的引用——兼论其思想背景》,《驹泽大学佛教学部论集》2，1971 年，第 35-55 页。

5. 平井俊荣:《中国般若思想史研究——吉藏与三论学派》，春秋社，1976 年。

6. 村中祐生:《吉藏著作编年的考察》,《印度学佛教学研究》16（2），1968 年，第 306-308 页。

吉藏《金刚般若疏》研究

东南大学人文学院教授　董群

对于吉藏思想的研究，有一类主题内容是对于其释经的研究，相对来说，这一类研究之中，对其疏释《金刚经》的研究作品，并不多见，这也是本文选择这一主题的一个原因[①]。吉藏对于般若类经典的解释，有两部重要的作品，一是对什译《金刚经》的解释，有《金刚般若疏》四卷，二是对于《大品般若》即什译《摩诃般若波罗蜜经》的解释，有《大品经义疏》十卷。

对《金刚经》，吉藏评论非常之高，称之为“三观之虚明，一实之渊致”。依《法华经》的三车论，属于大白牛车层次的经典，“大心始发，方驾此白牛。”他称其为“正教之供（洪？）范”[②]。吉藏

① 本文基本成文之后，检索研究动态，发现已有相同主题的专门研究，释长清的《吉藏〈金刚般若疏〉之初探》，（台湾）《正观杂志》第三十四期，2005年9月25日。此文提出，吉藏以“无得正观”为依据解释《金刚经》，并以“架构”“正文的探讨”“结论”三部分构成其研究的内容。此文最后提出希望“能唤醒大家对此疏的重视”。此文作者曾在英国布里斯托大学（University of Bristol）读博士，其1988年的博士论文为 *A Study on Chi-tsang's Erh-ti-i*，英文版 *The Two Truths in Chinese Buddhism*，Delhi：Motilal Banarsidass，2004，中文版《吉藏二谛论》，（台湾）正观出版社，2007。

② 《金刚般若经序》，《大正藏》第33册，第84页上。

此疏，属于“四家大乘师之疏”[①]之一，也是四疏中相对较早的。当然在吉藏之前，也有一些解释者，但是吉藏对这些解释并不满意，“释者鲜得其意”[②]。这也是吉藏撰写此疏的一个原因。

本文以描述性研究为主，从三个方面展开，一是释经方法，二是疏文结构，三是正文疏释的内容。

一、由疏文结构体现的释经方法

宗教师对于经典的解释，称为“释经”，其中体现的方法论等内涵，称为“释经学”。关于这一概念，汉译有所谓“诠释学”“解释学”等，英文都是 hermeneutics，在西方的学术背景中，这种解释学源于古希腊，盛行于基督教学术，又为当代所重视，汉语学术界基于西方的解释学新思潮，曾经也流行过对于解释学的研究，现在还没有退潮。

其实，佛教本身就有释经的传统，这个传统构成了佛教的释经学，所以维基百科（Wikipedia）英文版的 hermeneutics 词条在谈到解释学的“宗教传统”时，专门列有“佛教的传统”（Buddhist

① 此说出自日僧志道的《刻金刚般若经赞述序》(《大正藏》第33册，第124页下），其余三家为智顗《金刚般若经疏》一卷、智俨《佛说金刚般若波罗蜜经略疏》两卷、窥基《金刚般若经赞述》两卷。其中，智俨注释本子为菩提流支译本。对于此经的解释，当然不限于此四家，杨惠南有文《〈金刚经〉的诠释与流传》(《中华佛学学报》第十四期，2001 年）概括了对于罗什译本《金刚经》的不同解释。

② 《金刚般若疏》卷一,《大正藏》第 33 册，第 90 页下。

Hermeneutics），但是具体内容只有几行字，也反映了研究的缺乏。

在佛教的解释学之中，汉传佛教自有自己的传统，吉藏的释经，是此传统的典型反映。

在吉藏的佛教经典解释作品中，解释方式的表述是多元性的，有“玄义”“玄论”或“玄意”体，如《三论玄义》《法华玄论》（实为玄论体）、《胜鬘宝窟》（实为玄意体）：有“疏”“义疏”体，如本疏和《无量寿经义疏》等；有“游意”体，如《法华游意》。同样是“疏”，方式也有所不同，有的是直接就随文疏释，比如《中观论疏》《十二门论疏》《百论疏》等，而此疏则在第一卷就交代整体的结构，“玄意十重”，实际上，从“玄意十重”看，这部疏，也是“玄义”体。

从具体的疏文结构来说，此疏有十重结构，“玄意十重：一序说经意，二明部傥多少，三辨开合，四明前后，五辨经宗，六辨经题，七明传译，八明应验，九章段，十正辨文。”[①]随文疏在最后一部分，这也是内容最多的一部分。

这样十门结构，在吉藏的其他作品中也有采用，如《法华游意》，“《法华玄》，十门分别：一来意门，二宗旨门，三释名题门，四辨教意门，五显密门，六三一门 ，七功用门，八弘经门，九部党门，十缘起门。”[②]

除此之外，吉藏还有其他的结构类型所体现的解释方法。

---

① 《金刚般若疏》卷一，《大正藏》第 33 册，第 84 页中。
② 《法华游意》，《大正藏》第 34 册，第 633 页下。

有六重解释结构，如《法华玄论》，“玄义有六重：一弘经方法，二大意，三释名，四立宗，五决疑，六随文释义。”[①]如《观无量寿经义疏》，“六门明义：序王第一，简名第二，辨宗体第三，论因果第四，明净土第五，论缘起第六。”[②]如《涅槃经游意》，“一大意，二宗旨，三释名，四辨体，五明用，六料简。”[③]

有五重解释结构，如《仁王般若经疏》的结构，“第一释经名，第二出经体，第三明经宗，第四辨经用，第五论经相。”[④]他明确说这是模仿智顗的方法，“天台智者于众经中阔明五义，今于此部例亦五门分别。”[⑤]如《胜鬘宝窟》，“玄意有五：一释名题，二叙缘起，三辨宗旨，四明教不同，五论经分齐。”[⑥]

有四重解释结构，如《维摩经义疏》，“玄义开为四门：一定浅深，二释名题，三辨宗旨，四论会处。”[⑦]

有三重解释结构，如《净名玄论》：“叙其论意，略为三别：第一名题，第二宗旨，第三叙会处。”[⑧]如《法华义疏》：“将欲入文，前明三义：一部类不同，二品次差别，三科经分齐。”[⑨]

也有二重解释结构，如《三论玄义》，“总序宗要，开为二门：

---

① 《法华玄论》卷一，《大正藏》第34册，第361页上。
② 《观无量寿经义疏》，《大正藏》第37册，第233页下。
③ 《涅槃经游意》，《大正藏》第38册，第230页中。
④ 《仁王般若经疏》卷上一，《大正藏》第33册，第314页中。
⑤ 同上。
⑥ 《胜鬘宝窟》，《大正藏》第37册，第1页下。
⑦ 《维摩经义疏》卷一，《大正藏》第38册，第908页下。
⑧ 《净名玄论》卷一，《大正藏》第38册，第853页上。
⑨ 《法华义疏》卷一，《大正藏》第34册，第451页上。

一通序大归，二别释众品。”[1]

从这些看似有别而又大致相近的解释结构来看，此《金刚经疏》的结构层级，内容是最多的，后来的华严宗法藏，也有十重解释《华严经》[2]。

二、九重结构之要旨

吉藏对于十重结构之前九重，都做了相对简略的说明，第十重则为重点，有详细的内容，需要另用一节来研究，此处对九重疏释的要旨加以描述性的阐明，以显示吉藏此疏的基本内容。

（一）序说经意

这是对此经的意义的大致说明，吉藏解释了如来说此经的因缘，有九大缘由而说此经。

第一，此经为习大乘者略说因果法门，“此经为诸大人略说大法。”[3]“大人”即是习大乘之人，他引《金刚经》语，是如来为“如来为发大乘者说，为发最上乘者说”[4]。吉藏在此心之序文中说：“大心始发，方驾此白牛。”也说明了此经属于“法华四车”之大白牛车。略说何种大法呢？是因果法，“佛法无量，略说因果则总摄一

---

① 《三论玄义》,《大正藏》第 45 册，第 1 页上。
② 《华严经义海百门》。
③ 《金刚般若疏》卷一,《大正藏》第 33 册，第 84 页中。
④ 鸠摩罗什译:《金刚经》。

切。”[①]“因”是指什么呢？是指菩萨依般若而生的真实大愿和大行。菩萨的真实大愿指菩萨住般若心，而欲遍度一切众生，令其入无余涅槃，实无所度。菩萨的真实大行指菩萨不住于法，而行布施等一切诸行，实无所行。菩萨以般若心发愿，以般若心修行，这样才能真正成愿、成行。“果”是指什么呢？是指无所得果，即如来实想法身。

第二，为了给一切众生阐明利益功德，“为现在未来一切众生，真实分别利益功德，故说此经。”[②]这个功德利益，就是让众生产生净信，哪怕是一念净信，都能外受诸佛护念，内生无边功德。

第三，为说明第一义悉檀，“为欲说第一义悉檀，故说是经。”[③]第一义悉檀指诸法实相。

第四，以大悲心受请而说般若波罗蜜法，“以大悲心受请说法，故说是经。”[④]如来受请，是为大事，这个大事，就是般若波罗蜜。

第五，为集药治病而说此经，“佛欲集诸法药愈难愈病，故说是经。”[⑤]吉藏进一步解释说，众生有两种病，一是身病，即老、病、死，二是心病，即贪、瞋、痴，佛以般若金刚，摧破此两种病。

第六，为增长众生的念佛三昧，“欲增诸菩萨念佛三昧，故说此

① 《金刚般若疏》卷一，《大正藏》第33册，第84页中。
② 同上。
③ 同上，第84页下。
④ 同上。
⑤ 同上。

经。”[①]吉藏引《金刚经》义说，一般人虽然想念佛，但是不识如来，比如，以色、音声见如来法身，所以堕入邪见。什么是法身？吉藏认为，应以正法为身。

第七，为显示中道，去除边见，“欲显示中道，拔二边见故说是经。”[②]吉藏说，此经所说的发三藐三菩提心，就是于法不说断灭相，就是正道之心，不堕入断和常的边见。

第八，为了说异法门、异念处，“欲说异法门异念处故，故说此经。”[③]什么是异法门？异于一般所说的善门、不善门、记门、无记门，而说非善非不善、非记非无记的中道，异于一般所说常、无常、苦、乐等念处，而说非常、非无常念处。

第九，为了消除众生的深重之障，“欲转众生深重障，故说此经。”[④]有人认为，般若不是凡夫所行的，这样，就形成了学习般若的深重障碍，吉藏认为，此经强调，从凡夫到十地，都应学般若。总的来说，学习般若，可以断十种障[⑤]。

（二）明部傥多少

这一部分主要说明般若经的种类，有关这一议题的不同说法。

---

① 《金刚般若疏》卷一，《大正藏》第 33 册，第 84 页下。

② 同上。

③ 同上，第 85 页上。

④ 同上。

⑤ 一无物相障，二有物相障，三非有似有相障，四谤相障，五一有相障，六异有相障，七实有相障，八异异相障，九如名义相障，十如义名相障。吉藏又有一一的解释。

二种般若说，出自《大智度论》，一是共声闻说，二是只为十地大菩萨说。

三种般若说，即《光赞般若》《放光般若》《道行般若》，为上中下三种。吉藏引“旧说”，《光赞般若》在西土本有五百卷，此土零落只有十卷，或分为十二卷，是上品般若，《放光般若》为中品，《道行》为下品。《放光》有二十卷，是《古大品》。《道行》为小品。

四种般若说，引长安僧叡的说法，“斯经正文凡有四种，是佛异时适化，广略之说也。其多者云有十万偈，少者六百偈。”[①]具体的四种，特别是第四种，还有不同看法，吉藏不同意将《金刚经》列为第四种。

五时般若，吉藏将般若、波若并用，引《仁王经》中的说法，分别为《摩诃般若波罗蜜经》《金刚般若经》《胜天王问波若经》《光赞波若》《放光般若》和《仁王般若经》。

八部般若说，引菩提流支的观点，第一部十万偈，第二部二万五千偈。此二部犹在外国。第三部有二万二千偈，指《大品般若》。第四部八千偈，即《小品般若》。第五部有四千偈，第六部二千五百偈，此二部亦未传至汉地。第七部有六百偈，即是《文殊师利波若》，第八部三百偈，即是此《金刚波若》。在这里，吉藏引《大智度论》中的观点，不同意菩提流支将《光赞般若》《道行般若》等视为十万偈般若中的一品，并不是单独的一类般若的观点。

① 《小品经序》，《大正藏》第 8 册，第 537 页上。

对于般若经种类的不同，吉藏总的观点是，对于寿命短、记忆力弱的人类来说，小品般若都读不下去，况且大品？所以，不要局在五时般若，限在八部般若。

（三）辨开合

接着上述诸部般若的议题，那么多部般若，为什么不合为一部呢？吉藏认为，对于诸般若的理解，从开合的角度，开为五时般若，五时般若，不可以合为一部，必须各开五部。这不同于《华严》八会，可以合为一部，因为华严的八会有前后相承的关系，而五时般若之间，没有浅深次第、前后相承的关系。

（四）明前后

即明《摩诃般若》和《金刚般若》的前后，对于此经前后的不同观点和证明，吉藏的看法是，不可以确定说何种经在前，何种经在后，“随宜之言，复何可定其前后？或可一时具说多部，或可一部具经多时。”[①]

（五）辨经宗

对于此经的宗旨，吉藏列出了不同观点，比如说，无相境为宗，以智慧为宗，等等，吉藏一一责之，而主张“因果为此经正宗”[②]，并

① 《金刚般若疏》卷一，《大正藏》第33册，第87页下。
② 同上，第88页中。

引经义加以证明。

（六）辨经题

在此疏之序中，吉藏有一个总体说明，可以列入这一部分。关于经名，他认为，从梵文译成中土文字的话，应当译成“金刚智慧彼岸到经”。他进一步解释说，“金刚”之意为“无累不摧”，“般若”意为“无境不照”，“波罗蜜”是“永勉彼此”。

在疏文的正文中，吉藏又从五个层次来解释此经名的含义。

第一，解释“佛说”。此经的经题，具称《佛说金刚般若波罗蜜经》，吉藏说，此经的经题，有具足和不具足两种，具足的经题，加“佛说”两字，不具足的，则不加。为什么不加？只是略去而已。那么为什么此经一定要加“佛说”两字，这是为了说明此经是佛“亲说”，而不是弟子说、诸天说、仙人说、化人说。

第二，释“金刚”。吉藏反对单纯地把金刚看作借世间之喻的说法，“如世间中金刚宝坚而且利，譬于波若体坚用利。”[①]对这种理解，他不以为然，他认为，般若作为真实法，过一切语言，灭一切观行。如果把金刚作为譬喻的话，金刚就只是譬喻，而不是法了，般若是法而不是譬，这样把法和譬分为了两截。他还有一些观点来证明其这一看法。

那么，从譬喻的角度理解金刚，有哪些含义呢？正如他的自设

① 《金刚般若疏》卷一，《大正藏》第33册，第88页下。

之问，“问曰：汝以金刚喻般若者，此有何义？”[①]吉藏认为，金刚有无量功德，简略而言，有如下含义：

表示“第一”，世间之宝，金刚第一，出世间之宝，般若第一。

表示“无法称量”，如同金刚宝，一切世人都不能评价，般若法宝所有所生的功德，一切世人不能称量。

表示“无碍”，如果把金刚宝放置在山顶或者平地，都无障碍，般若也是如此无碍。

表示“清净映照”，世间金刚宝能够照彻清净，般若也是如此，照实相水，明了清净。

表示“不能执持”，世间的金刚宝，只有那罗延天这样的大力士才能执持，般若也是如此，喜欢小法的人，以及执着知见的众生，不能执持。

表示“成佛”，世间之人，吞食少量的金刚，就在身体内不朽，般若也是如此，如能了悟般若，就是不朽，必能成佛。

吉藏继续解释了金刚、般若具有的“得安乐”“不定”“无心”或“未当有心”等含义。

尽管如此，吉藏强调般若的不可譬喻性，“般若超绝金刚，非可譬喻。”[②]

在正文的疏释部分，在解释《金刚经》中“是经名为金刚般若波罗蜜”一句时，吉藏又区分了二乘金刚和佛金刚，二乘断惑，也

① 《金刚般若疏》卷一，《大正藏》第33册，第89页上。
② 同上，第89页中。

称金刚，此经中讲的金刚，“是佛波若，佛金刚。”[①]

第三，释“般若”。吉藏分别了般若之名和体。对于般若之名，吉藏列出了各种解释，比如说,《大智度论》的两种解释，一是智慧，二是般若甚深极重，智慧轻薄，因此，“不可以轻薄智慧称量深重般若。”[②]也就是说，不能简单地将般若理解为智慧。庄严寺僧旻法师认为，般若有五种含义，智慧只是其中的一种含义，并不是“正翻译”。吉藏又列举了经论中对于智慧的各种解释。他自设宾主而问：经论中为什么不“分明一途”地示人，指示人们什么是般若呢？吉藏指出，圣人并不是不能“一途分明”地示人，而是众生有取着之心，正因为这样，不能体悟中道佛性，正观般若。如果一途实说了，众生容易执着。所以，不定之说，更显圣人之深意。所以，对于经论中的不同说法，不能“定执经论一文以成一家之义”[③]。

对于般若之体，吉藏也列出了地论师、成实师、毗昙师三家观点而破之，地论师主张有真修般若和缘修般若两种，前者指第八识，后者指第七识。成实师主张“缘真谛心，忘怀绝相”，吉藏概括说，这是“以此解心为般若体”[④]，毗昙师“缘四谛理无漏慧相是般若体”[⑤]。破斥此三家的观点，吉藏在此处没有展开。那么，什么是般若呢？要从悟的角度来理解，般若是假名，吉藏说：“若行人了悟颠

---

① 《金刚般若疏》卷三,《大正藏》第 33 册，第 113 页中。
② 《金刚般若疏》卷一,《大正藏》第 33 册，第 89 页下。
③ 同上，第 90 页上。
④ 同上。
⑤ 同上。

倒，豁然悟解，假名般若。”[①]这个解悟之体，非心非离心。

第四，释“波罗蜜”，吉藏解释了“彼岸到”的基本含义，特别说明，外国的风俗，大凡一件事做成了，都说“波罗蜜”。如果觉悟了般若，万行周毕，也称为波罗蜜。说到彼岸，吉藏指出，也只是假名，令人因此而悟入，不要有此岸、中流和彼岸的分别。所以，在序文中，他说，“波罗蜜”是“永勉彼此”。

第五，释“经”，从文和理两个方面而论经，“今明文理因缘故为经，因文悟道故，以能表之文为经也。”[②]

（七）明传译

主要说明与此经传译相关的议题。

有一种说法[③]，此经本有八卷，如今只有一品，吉藏否认此说的可靠性。反对本有八卷说，他以此经的三译而反驳此观点。罗什法师弘始四年在逍遥园中正翻一卷，如果有八卷，他为何不翻译之？菩提流支三藏重译此经，经之与论合有三卷，如果有八卷，为什么只解一品？真谛三藏于岭南重翻此经，也没有说有八卷。反对此经只有一品说，“此经序、正、流通三分具足，何得止言一品？”[④]

---

① 《金刚般若疏》卷一，《大正藏》第33册，第90页上。
② 同上，第90页中。
③ 出自《大悲比丘尼本愿经》末。此经只在吉藏的两篇作品中提及。
④ 《金刚般若疏》卷一，《大正藏》第33册，第90页下。

（八）明应验

持诵此经有何验益？这是讲的宗教性的功效。总之，吉藏认为“得益不可称记”[1]，广益无量。

（九）释章段

这一部分的内容，吉藏对于已有的解释很不满意，“释者鲜得其意，致使科段烟尘纷秽，遂令般若日月翳而不明。”[2]这种批评是非常严厉的。他粗列了一些观点，以示其得失。

北方流行菩提流支三藏提出“开经十二分释”：一序分，二护念付嘱分，三住分，四修行分，五法身非有为分，六信者分，七格量分，八显性分，九利益分，十断疑分，十一不住道分，十二流通分。吉藏批评为不符合经论，是穿凿之论：“余钻仰累年载，意谓不然。今请问之：此十二分为出般若经文？为是婆薮论释？今所观经论，悉无斯意，盖是人情自穿凿耳。”[3]吉藏认为，这种“穿凿”的释经方法，妨碍处极多。从吉藏此处的观点看，他主张经释要有经证，要有祖证，有“经”的证据，“论”的证据。

也有六章释经法：一序分，二护念付嘱分，三住分，四修行分，五断疑分，六流通分。吉藏认为此一方法是对于十二分法的“学之

---

① 《金刚般若疏》卷一，《大正藏》第 33 册，第 90 页下。
② 同上。
③ 同上，第 91 页上。

劣者”，过与十二分法同，而患更甚。

也有人注此经开为三门，即因缘门、是明般若体门和明功德门[①]。吉藏认为，这种解释“义亦不尽”[②]，比如说，流通分属于此三门的哪一门？

还有一种三段说，一者序说，二者正说，三者流通说。吉藏认为，这三说释经法，与理无妨，问题是开善智藏之流在使用这种方法时，“不识三说起尽，故复为失。”[③]他批评成实一系有人不知道三说从哪里起，到哪里尽，用得不当。比如说，把此经之初须菩提问的部分判为序说，从佛答须菩提的部分开始，为正分，吉藏认为，这就错了。一切经，若问若答，都是正，不能以问为序，以答为正。此经的序分，应当是经初途行乞食的部分。须菩提发问开始，就是正了。

在此，吉藏还提出了他的释经学的一个重要观点，序、正、流通的互含，“三说无定。虽序说，不妨有正，虽正说，不妨有序。流通亦尔。”[④]他还对三说的一般性体例做了说明：“序有二者，一通序，二者别序。正文有二，第一周广说，第二周略说。流通有二，一序佛说经究竟，二者明时众欢喜奉行。”[⑤]这也可以说是释经方法

---

① 从经初“如是我闻”至“世尊，愿乐欲闻”为因缘门，从“佛告须菩提：诸菩萨摩诃萨应如是降伏其心”到“若见诸相非相，则见如来”为明般若体门，从“须菩提白佛言：世尊！颇有众生”到经末，为明功德门。

② 《金刚般若疏》卷一，《大正藏》第33册，第91页中。

③ 同上，第91页下。

④ 同上。

⑤ 同上。

论层面的概括。

三、《正辨文》要旨

十重结构之第十重，为正辨文，基本上是随文疏释，是此本疏的重点，大致是随文疏，序分的内容解释尤其细密。在对于经文本身的解释中，包含了诸多的内容，此处列出几点略加说明。

（一）三业分经

吉藏把此经的利益，分析为三业利益，他称为“三业分经”，这似乎是他独有的说法，序分中的佛之“乞食”，是身业利益分，乞食后“入三昧”，是意业利益分，正宗分中的答弟子问，是口业利益分。

（二）通序六事和别序

序分的结构，又区分为通和别，此经自经初“如是我闻”始，为此经的通序，吉藏概括了通序包含的六项内容，即六事，一明所闻之法（如是），二明能闻之人（我闻），三明说教之时（一时），四标说教之主（佛），五明住处（舍卫国），六明同闻众（与大比丘众）。这也是常规的解释。

通序的六事，后来也被称为“六成就”，广为运用。为什么要有这六事？吉藏认为，“具足六事义乃圆足。”①

此经自“尔时世尊”开始，为别序。此处，吉藏一如其整体的风格，提出了精细的解释。佛途行入城乞食，利益在家众生，与众生世间利，显如来是应供，是身业益物，令生身久住。佛乞食毕，敷座而坐入三昧中，通利益在家、出家众，与众生出世间利，显如来是施主，以般若法施众生，是意业益物，令法身久住，等等，内容众多。

（三）正宗分两周

自“时长老须菩提”下，为正宗分。开善智藏判为序分，称为“叹请序”，吉藏再次认为“不尔”。北地论师说，此文内容属于十二分中的“护念付嘱分”，吉藏认为“是亦不然”②。由此段开始，体现了佛的“口业利益”。

正说分有两周，第一周是为利根人广说般若，第二周是佛为中下根未悟众生略说般若。吉藏认为，这样的区分是“惊乎常听”的。在对正文的疏释中，到第二周的内容时，吉藏也说，“初周为利根人说，钝根未悟，更为后周说也。”③对于两周的区分，吉藏有一些证明辩答，来支撑其观点。须菩提有前问、后问。如来也有前答、后答，这是两周的证据。两周的内容，前周体现“缘”之尽而后周体

① 《金刚般若疏》卷二，《大正藏》第33册，第96页中。
② 《金刚般若疏》卷二，《大正藏》第33册，第99页上。
③ 《金刚般若疏》卷三，《大正藏》第33册，第118页中。

现“观”之尽,“前周则净于缘，后周则尽于观。”[①]“尽”是一个否定词，真正要说明的是无缘无观，“尽缘故无缘，尽观故无观。”[②]这样的“观”，吉藏勉强用一个名称来概括，“正观”，这种正观，吉藏称之为般若、金刚,“强名正观，正观即是般若，即是金刚也。”[③]“缘净观尽，不缘不观，无所依止，方能悟于般若。”[④]这叫“缘观俱息”，吉藏认为，此经体现了这一层意思，但并没有正显。缘、观之别，吉藏又解释说,“前周尽缘者，正教菩萨无所得发心，破有所得发心，乃至无所得修行，破有所得修行，故是‘尽缘’也。今此章明无有发菩提心人，亦无有修行人，故是‘尽观’也。”[⑤]

还有一种区分，就是两会的听众不同，“问：二周说何异？答：前广说，今略说；前为前会众说，后为后会众说。”[⑥]

正宗分之初，佛答须菩提之问，吉藏认为,“须菩提！于意云何？可以身相见如来不”一段往下，至“经竟”，实际上是至《金刚经》“当知是经义不可思议，果报亦不可思议”一句，是断众疑，属于广说般若的第一周。可以理解，这一段文字之上的佛答须菩提之问，是“酬四问”，回答了须菩提的四个问题，属于略说般若。“前酬四问名为略说般若，后断众疑即是广说。”[⑦]

---

① 《金刚般若疏》卷二,《大正藏》第 33 册，第 99 页中。
② 《金刚般若疏》卷三,《大正藏》第 33 册，第 118 页中。
③ 同上。
④ 《金刚般若疏》卷二,《大正藏》第 33 册，第 99 页下。
⑤ 《金刚般若疏》卷三,《大正藏》第 33 册，第 118 页中。
⑥ 同上，第 118 页上。
⑦ 《金刚般若疏》卷二,《大正藏》第 33 册，第 101 页中。

经中的第二周，吉藏认为从“尔时，须菩提白佛言：世尊！善男子、善女人发阿耨多罗三藐三菩提心，云何应住？云何降伏其心”一段开始，“‘尔时须菩提白佛’下，二周说法中，此是第二。”[①]此周至经末的四句偈为止。

两周的结构，吉藏认为都有三层：一般若体门，二信受门，三功德门。但第二周的三重结构小异于第一周。

（四）须菩提四问

正宗分开始，是须菩提之问，“善男子、善女人，发阿耨多罗三藐三菩提心，应云何住？云何降伏其心？”吉藏认为，须菩提此问，实为四问而非三问。如果依罗什法师翻译的经文，一般的理解有三问，“一问菩提心，二问云何应住，三问降伏。”[②]有人将此三问理解为愿和行，第一问为愿，后两问为行，吉藏认为，“此事未然。”不同意这种解释，菩提心之问如果属于愿，怎么可能有愿而无行呢？有人解释三问体现了三种空，分别是平等空、实法空和假名空，吉藏也认为不当，“今谓此亦不然。”须菩提没有涉及三空，佛也没有回答三空的内容。

吉藏认为，这里的须菩提之问有四问，“一问云何发菩提心，二问云何应住，三问云何修行，四问云何降伏。”[③]其逻辑是：菩萨必须

---

① 《金刚般若疏》卷三，《大正藏》第33册，第118页上。
② 《金刚般若疏》卷二，《大正藏》第33册，第100页下。
③ 同上，第100页上。

发菩提心，所以，首先问发心，如果依般若发菩提心，则住般若而不颠倒，所以，其次要问住菩提心。既然住立，才能修万行，所以，次问修行，修无所得行，使有得之心不起，所以最后问降伏。

（五）以“四心”释经文

吉藏引用天亲的《金刚般若波罗蜜经论》之文，“广大第一常，其心不颠倒，利益深心住，此乘功德满。”而概括出四心说，“四心者，一广大心。二者第一心，三者常心，四者不颠倒心。”① 他认为，天亲用四心释此经，他也依此。遍度三界六道众生，名为广大心，与众生大涅槃乐，名为第一心，常度众生，诲而不倦，名为常心。虽度众生而不见众生可度，是为菩萨不颠倒心。他认为，此四心不出慈悲和般若，前三心是慈悲心的体现，后一心是般若心的体现。

依此四心，《金刚经》中，“所有一切众生之类”，涉及广大心，“我皆令入无余涅槃而灭度之”，涉及第一心，“如是灭度无量无数无边众生”，涉及常心，“若菩萨有我相、人相、众生相、寿者相，即非菩萨”，涉及颠倒心。

对于两周的判释，其中的一个依据是，“前周正劝生四心，后周明四心亦息。”②

---

① 《金刚般若疏》卷二，《大正藏》第33册，第101页下。
② 同上，第99页下。

（六）四句偈

《金刚经》中，几次谈到四句偈，比如第一次提到四句偈时这样说，“若复有人，于此经中受持，乃至四句偈等，为他人说，其福胜彼。”但是，经中并没有具体的四句偈的内容，有的人却要把这四句具体化，吉藏引了这一类的观点，都加以否定，批评有的人解释“得经语，不得经意”[①]，有的认为，是“雪山偈”，诸行无常，是生灭法，生灭灭已，寂灭为乐。吉藏认为，“是亦不然”。因为这里不涉及别的经。有的认为，这四句是一个“假名”，不可定有四句定无四句，也不可亦有亦无、非有非无四句，这里只是假四句以为偈。吉藏认为，经中并没有这个意思，“今谓上来亦无此说”。

吉藏对此四句偈的观点是，“此乃是举少况多之言耳。”[②]只是说明，只要奉持《金刚经》最少的一点内容（以四句表示“少”），就可以有无边的福报，更不用说奉持此经的一章、一品、一部的福报了。四句并不是具体指某一个四句，所以，一定要找出四句的解释，在吉藏看来，都是没有了解经意。

（七）四果、十地之通别

《金刚经》中，佛曾问须菩提小乘四果，吉藏自设问答：“何故声闻法中立于四果，菩萨法中开于十地？”这个提问强调了大小乘

---

① 《金刚般若疏》卷三，《大正藏》第33册，第108页下。
② 同上，第109页上。

果位的区别。

吉藏强调，大小乘之别，只是佛的教化的应机施设，善巧方便，佛法的根本原理本身，并无大小之别，“圣人善巧，为欲出处众生，随其根性，故开大小。然至论道门，未曾大小。今作大小者，并是赴根缘故，开大小方便。”[①]如果进一步分析，四果、十地则有通有别。

吉藏说，从相通的角度而论，四果也可以称四地，十地也可以称十果，大小皆得名“地”，悉得称“果”。从别的角度，又有果和地的不同。

（八）财施不及法施

《金刚经》中，佛曾设问：“若有善男子、善女人，以七宝满尔所恒河沙数三千大千世界，以用布施，得福多不？”

对于这一段的解释，吉藏讨论的一个主题是财施和法施的区别，体现了他的布施观。基本观点是：“财施不及法施。”“财施则劣，法施则胜。”他举出了十条证据来说明。

第一，法施的时候，布施者多是圣人、智人，而财施的能施者，则不这样，愚人不能行法施。

第二，受法施之人，也必定是智人，愚者和畜生众都不领受智者的法施，而受财施者则不这样。

① 《金刚般若疏》卷三，《大正藏》第 33 册，第 109 页下。

第三，从得福的角度看，法施能够使布施者和受施者都得福，而财施只有布施者得福，受施者不得福。这是法施的得福胜。

第四，法施的时候，布施者和受施者皆有所得，而财施的时候，只有受施者得“五事果”，布施者有失。这五事果具体的内容，吉藏没有说明。

第五，财施只有益于众生的肉身，而法施则法身。

第六，法施能够断惑，而财施只是降伏悭心。

第七，“法施则出有法，财施则是有流。”这句话大致可以理解为，法施的时候，是有“佛法”布施出去的，而财施的时候，只是有钱财“流出”。

第八，从果报的角度看，财施的果报是“有尽”的，也就是有限度的，而法施的果报则是无尽的。

第九，从“得”的角度讲，财施的时候，并不是一时得到，而法施的时候，能够一时而得。

第十，法施具足四摄，而财施只是四摄中的一摄，即布施摄。

（九）释五眼

《金刚经》中提到五眼：肉眼、天眼、慧眼、法眼、佛眼。吉藏说，五眼的含义，应当“别释”，另外有人作大怒解释，可见他对此的重视，他在此疏中，先简要表达了观点，

第一，从五人角度看，五人有五眼，“谓人有肉眼，天有天眼，

二乘见四谛有慧眼，菩萨照三乘根性说三乘法有法眼，佛有佛眼。”①

第二，从二人的角度看，二人有五眼，二人即因位之人和果位之人，因人和果人，菩萨和佛，“因人四眼，如《仁王经》叹菩萨得四眼五通。果人一眼，即佛有佛眼也。”②

第三，从一人的角度看，这一人即指佛，佛有五眼，“一人具足五眼，即是佛。”③

五眼的差别，吉藏强调是否达到“了”的境界，“四眼不了，佛眼具了，故名佛眼。”④

结　语

此疏在吉藏思想中的重要性是不言而喻的，包含的观点比较丰富，应当有更深入的研究，本文只是涉及部分的内容。从结构上讲，此疏从十层展开，在具体的疏释过程中，突出了其中观的立场，中道的方法，无所得的境界。一如其固有风格，吉藏在此常常体现“破”的观点，对与此经疏释的相关看法，大多持否定态度，但是，在破的同时，此疏也有所立，正面表达了许多明确的观点，也正面引用了一些高僧的观点。当然，也一如他的固有的风格，疏文比较难读，行文繁杂。

① 《金刚般若疏》卷四，《大正藏》第33册，第120页上。
② 同上。
③ 同上。
④ 同上。

有一个观点，必须在此做一个回应。杨惠南教授在其《〈金刚经〉的诠释与流传》中谈到，吉藏否认包括《金刚经》在内的《般若经》为了义经，“但由于《般若经》不曾明说声闻、缘觉也能成佛，因此属于不了义经。”[①]理由是因为吉藏的作品里有这样一段问答：“问:《波若》未明二乘作佛，得是不了教不？答:《波若》明菩萨作佛，此事显了，未得说二乘成佛，约此一边之义，亦得秤为未了。”[②]

吉藏也有“《般若》为浅,《法华》为深”的观点，这只是从二乘方便的角度而言的。“《波若》但明菩萨作佛者,《波若》已明佛乘是实，未明二乘作佛者，未开二乘是方便。约此一义，有劣《法华》，故名《波若》为浅。《法华》即明佛乘是实，复开二乘为权，故《法华》为深也。”[③]

但是，吉藏的这个观点必须全面地看，讲到未明二乘作佛的经典,《华严经》也有类似的观点，“岂可言《华严》未明二乘作佛故，显实亦未足耶？”[④]《般若经》不言二乘成佛，有其缘由：“一切大乘经明道无异，即显实皆同。但《波若》《净名》之时，二乘根缘未熟，故未得开权，至《法华》时，二乘根缘始熟故，方得开权耳。不可言未开权故亦未显实,《波若》《净名》辨菩萨无碍之道，究竟

---

① 《〈金刚经〉的诠释与流传》,《中华佛学学报》第十四期，2001年，第193页。

② 吉藏:《大品经义疏》,《续藏经》第24册，第209页下。

③ 吉藏:《法华玄论》卷三,《大正藏》第34册，第385页中。

④ 同上，第385页上。

无余,《法华》辨菩萨行复何能过此耶？”[①]吉藏所言的所谓胜劣、浅深，是从某一个方面的比较而论，“《法华》《波若》互有胜劣。若为声闻人明二乘作佛，则《法花》胜,《波若》为劣。若为菩萨明实惠方便，则《波若》胜,《法华》劣。”[②]当然，不能依此“《法华》劣”而说，吉藏判《法华》为不了义经。

① 吉藏:《法华玄论》卷三,《大正藏》第 34 册，第 386 页下。
② 吉藏:《法华游意》,《大正藏》第 34 册，第 646 页上。

关于日本的三论宗

东京大学教授　蓑轮显量

序　言

佛教传到日本是在6世纪的中叶，而真正被接受则是在传入几十年以后。苏我马子发愿要建造飞鸟地区最早一座寺院的法兴寺是在587年。根据《日本书纪》“崇峻天皇三年（590年）十月”条“入山取寺材”的记录，可知法兴寺于此时开始修建。而在“崇峻天皇五年十月”条又有“起大法兴寺，佛道，步廊”，现在认为是这个时间举行的开工仪式。推古天皇四年（596）新寺建成，而在此期间的推古天皇二年（594）曾颁布“佛法兴隆之诏”，此乃真正意义上佛教在日本受容的开始。关于此一时期的佛教，从历史学的角度阐发的著述格外丰富，但却很少见到从佛教学角度进行的考察，实际上基本没有具体的关于学问研究和修行实践方面的研究成果。

关于奈良时代的佛教，有一部从历史学的角度出发、以写经为素材考察当时存在何种经论并且产生了很大影响力的著作，此即石田茂作《从写经看奈良朝佛教的研究》[①]一书。该书广泛收集写经记录，意在阐明古代的日本佛教如何进行学问研究[②]。从中可以知道，日本人（或外来人）的佛典注释只有7世纪初相传出自圣德太子之手的《三经义疏》这一部，而在以后的一段时间内再未见到任何著述，直到8世纪的后半期。然后最早出现的著作就是元兴寺智光（709？–780？）的《般若心经述义》和《净名玄论略述》等[③]。石田茂作的这一著述作为三论一系的资料是现存最早的，在此意义上殊为难得，意义重大。

接下来，本文将以历史和教学研究这两个视点为中心，考察从古代到中世纪中叶时期的日本三论宗发展。

一、古代的受容与发展

（一）三论宗的传来

飞鸟时期的6世纪后半叶，佛教已然进入日本。法兴寺创建以

① 石田茂作:《写经より见たる奈良朝佛教の研究》，东洋文库丛书，1930年。后于1966年再版。1982年，东洋书林发行，据原书复刻。

② 本书成立后以新发现的资料为中心所取得的研究有木本好信编《奈良朝典籍所载佛书解说索引》(国书刊行会、1989年)。

③ 参照伊藤隆寿:《智光の撰述书について》,《驹泽大学佛教学部论集》通号七，1976，第12–141页；末木文美士《智光〈般若心经述义〉について》；田村芳朗博士还历纪念论集《佛教教理の研究》，春秋社，1982；花塚久义《〈净名玄论略述〉の资料的价值》,《驹泽大学大学院佛教学研究会年报》16，1983年，第45–52页；大西久义《〈净名玄论略述〉的引用文献》,《驹泽大学大学院佛教学研究会年报》17，1984年。

后，日本外来僧侣的名字开始频繁出现在历史记载中。这些外来僧侣最早带来的佛教思潮就是三论宗。比如来自朝鲜半岛高句丽的慧灌，来自百济的观勒。此外，圣德太子师的高句丽僧慧慈和百济僧慧聪也是三论宗的僧侣[①]。他们带来《中论》《百论》《十二门论》和《大智度论》。从修学的角度来说这些典籍是四论，但一般通称为三论宗。

飞鸟朝时期明日香（飞鸟）地区代表性的寺院有法兴寺、大官大寺、川原寺和药师寺，时称四大寺。随着都城由飞鸟迁至平成京，这些寺院也同时迁建。大官大寺迁建为大安寺，药师寺沿用原名称，法兴寺则改为元兴寺。原先飞鸟地区的寺院都称为飞鸟寺而留存下来，川原寺也留在飞鸟。此后由藤原氏的氏寺兴福寺替补为奈良的四大寺之一。虽然体现飞鸟时代修学和实践活动的完整资料现已不存，但基本可推测当时实践的是三论宗的修学，因为直到7世纪中期，当时弘传的代表性宗派均是三论宗。而宗门大盛的法相宗的出现，则一直要到齐明天皇六年（660），受学于玄奘门下的道昭（626-700）于此年回国。

日本的佛教最早弘传的是三论宗，但是9世纪初却被法相宗的势力所压制。平安初期延历年中的记载就有“缁徒不学三论、专崇法相、三论之学、殆以将绝”[②]，可见当时三论宗确实面临着衰退的危机。而拯救了这种危机局面的是9世纪中叶的理源大师圣宝（832-

① 《三国佛法传通缘起》卷中，《大日本佛教全书》，第101、110页上。
② 同上。

909）。圣宝于贞观十七年（875）在东大寺创建东南院，毕生为三论宗的复兴而尽心尽力。

岁月更迭，到了镰仓时期，东大寺凝然（1240–1321）著《三国佛法传通缘起》一书。根据该书的卷中可知，三论宗的传播实际上有三传。初传为推古天皇御宇三十三年（625），即“高丽国国王贡僧慧灌来朝，此乃三论学者。隋大唐嘉祥大师，受学三论，而来日本，是日域三论始祖”[①]，可见高丽僧慧灌（生年不详，约7世纪中）为最早的日本三论宗僧人。二传的人物是慧灌孙弟子的智藏（生卒年不详，约7世纪后半）。据载，智藏其人“越海入唐，重传三论。遂乃归朝，弘通初传。是第二传也”[②]，可知智藏被视为传播三论宗的第二位人物。而以第三传留名于世的是大安寺的道慈（生年不详–744）。道慈于大宝元年（701）入唐，在唐学习十八载，于玄宗开元六年（718）回国。回国后俸仕于朝廷，是一位非常有能力的僧侣。在唐期间道慈遍学诸宗，记载称“善无畏三藏，开元四年，道慈在唐，具经三年。其间道慈随善无畏习学真言”[③]。可见道慈在学三论的同时也兼修真言，这也是日本的三论宗与真言宗并修传统的萌芽。以后史书中经常出现三论宗与真言宗并修的记载，这一点可谓日本三论宗的一大特征。

又根据《三国佛法传通缘起》卷中的记叙，大安寺的三论宗由道

① 《大日本佛教全书》，第101、110页上。
② 同上。
③ 同上。

慈传善议（729–812）再传安澄、勤操。而西大寺则由实敏从安澄受三论法义，此后渐次传至明哲，直至平安朝初期的玄睿出现。法隆寺这一支，则有道诠、贞玄律师。而元兴寺在奈良末期有智光、礼光，相传他们传法于灵睿、药宝、愿晓，愿晓又传圣宝三论佛法[①]。如此，从奈良朝到平安朝，几大寺分别进行着三论宗的修学和传承。

当我们将视线放到修学的形态上面时，会发现还有一些能依稀体现古代实情的资料，并不多。这就是7世纪中叶以后出现的一批各寺院收藏的经书目录，很有意思，由此可看出当时一些经论的存在情况。《大日本古文书》卷十二所收的标为天平胜宝三年6月15日的“僧宣教疏本目录（正仓院文书）应奉请疏本目录”有如下内容。

> 无量义经疏一部 测师撰 / 右在冈寺传闻智憬师受了。
>
> 法华论子注一部三卷 右在慈训师所。
>
> 唯识论疏一部十卷 道证撰 / 右在飞鸟寺真福师所。
>
> 瑜伽论抄十六卷 基师撰 / 在观音寺。
>
> 正理门论义部二卷 辅师撰 / 右在飞鸟寺神泰师所、即丰浦寺华严复师者。[②]

下划线为笔者所加。这里标记着书籍存于慈训、真福、神泰等“师所”，即“先生之处”。依据浅田正博对此的整理和研究，可确

① 《大日本佛教全书》，第101、112–113页。
② 《大日本古文书》12（追加6），第9页。

认有多达“三十九所”的“诗所”存在[①]。“师所”正是“先生之处”，可见当时“先生之处”收藏着宝贵的经论，而僧侣们则聚集于此进行各种修学。各寺院有各自宗派的修学，同时也开展教学性的研究活动。以这样的方式汇集起来的僧侣们的集团就称为“众”，亦即所称的“三论众”“摄论众”“法相众”等。

（二）古代的修学与诤论

与佛教的修学相关联，在奈良末期到平安时代初期存在一种名为诤论的论争。诤论，多是针对重大问题以意见纷呈的形态展开讨论，其中著名的有天台宗的最澄与法相宗的德一之间关于“三一权时”的论争。关于此一时期诤论的研究成果，有松本信道认为平安初期的诤论实际上可上溯至奈良初期天平年间[②]的观点，还有末木文美士认为平安初期的诤论可以区分为几个时期的观点，即：1. 奈良时期的三论与法相的诤论；2. 最澄与德一的诤论；3. 关于围绕天长六撰敕书的诤论；4. 三论的道诠到安然的诤论，这四个时期。此外

---

① 经论存于“师所”，僧侣在此学习，这一点也为后世所继承。随着东大寺的创建，六宗的“宗所”也设置在东大寺内，就此开始有了学问场所。但即便如此作为具体的学习场所师所依然存在。这一点在浅田正博《奈良朝佛教の宗观念について——最澄の前期宗观念の导入として一》(《龙谷大学大学院纪要》第二集，1980）的文章中有提及。此外，《大日本古文书》卷十二中收录有天平胜宝三年的《应请疏本目录》和《应写疏本勘定目录》，这些都是“○○师所”的形式，有将存于这些师所的经论题目摘录出来的文书。而以“在○○寺○○师所”形式收存的资料，也有将其摘录出来的文书存在。总之，能看到很多这种典籍。参照大日本古文书，前注书，第 9–22 页。

② 松本信道：《三论・法相对立の始原とその背景》，平井俊荣监修：《三论教学の研究》，春秋社，1990 年，第 485–502 页。

还有末木文美士对属于最后一个时期的道诠著述《群家诤论》所做的考察[①]。而属于末木文美士分期第三期的三论宗僧侣、西大寺的玄睿，在其留下的一部《大乘三论大义钞》中就介绍了十种诤论，下面是卷三中的相关文字：

次正述争论，群家异论，毛目繁多。提厥纲领，粗而论之，凡有十种。空有诤论义，常无常诤论二，五性尔非尔诤论三，有性无性诤论四，定不定性诤论五，变易生死诤论六，三一权实诤论七，三四车诤论八，教时诤论九，说不说诤论十。（大正70，147a24–29）

玄睿所举的诤论中有空有之争、常无常之争、五性是否生而就有等等。而以天台为本宗的莲刚（生卒年不详，8世纪末到9世纪），在其留下的有关诤论的资料中有篇《定宗论》，有十二条说的都是天台的主张。接下来出现的一部著作是安然的《教时诤论》，书中有如下记叙：

后有福贵山寺道诠、作箴诲迷方记、具会初四次七之失。未释睿山四种之失。又作群家诤论三卷、广叙诸宗相承。（大正75，366b10–12）

这里提到道诠（？ –876）著《群家诤论》三卷。又据《元亨释

① 末木文美士：《道诠の〈群家诤论〉について》，平井俊荣监修：《三论教学の研究》前注书，573–593页。由道诠而起的诤论到了天台的莲刚以及安然时即将偃旗息鼓，鸣金收兵。若按末木文美士的这一观点，那么对于9世纪中叶的诤论，就当已承担着社会功能，而这种功能后来转移到了论义和谈义上来看待。

书》，可知此道诠为法隆寺的一名以三论宗为本宗的学僧[①]。上文引文中还提到《群家诤论》中说“广叙诸宗相承”，可推测该书叙述的主要是关于继承各自教理的僧侣[②]。

这里要注意，玄睿的《大乘三论大义钞》和安然的《教时诤论》中，称呼传承各家宗派的僧侣为“家”。可见奈良时代末期到平安时代初期，在教学上传承其宗派的集团，有时有意识地使用“家”这一词语。

对于古代即平安时代的三论宗，要关注的一点是，9世纪初围绕《大乘掌珍论》中“真信有为空”的比量（推论）问题，存在关于《大佛顶经》真伪的诤论。关于该问题，玄睿在《大乘三论大义钞》卷三中有相对完整的记叙，松本信道对此也有详细的研究[③]。但若论古代三论与法相两大势力在教理方面的论争，则以“空有”论争为最大。

（三）平安中期以后的三论宗

平安中期以后即10世纪以后，三论宗的重镇为东大寺与醍醐寺。东大寺的三论宗修学传承以东南院为中心。东南院是以贞观十七年（875）圣宝创建的药师堂为母体而成立的院家。延喜四年

---

① 《元亨释书》卷十六：“释道宣。武州人。居法隆寺学三论。世言于和州福贵寺修求闻持法得自然慧，贞观十八年逝。”（《大佛全》，第101、328页中）

② 末木文彦：《道诠〈群家诤论〉について》，平井俊荣监修：《三论教学の研究》，春秋社，1990。

③ 松本信道：《〈大佛顶经〉の真伪论争と南都六宗の动向》，《驹泽史学》33，1985。

（904），时任东大寺别当的道义，将佐伯氏的氏寺香积寺的建筑移至东大寺南面，并对寺容做了规整。圣宝还与醍醐寺的开山有关，同时还是一位密教造诣颇深的僧侣。又据《东大寺续要录》记载，延久三年（1071）起，东南院的院主在东大寺开始兼任三论宗代表的三论长者一职①。

醍醐寺是创建于京都山科地区的一所寺院。据传，理源大师圣宝（832–909）早在贞观十六年（874）就在上醍醐的山上得遇地主明神即横尾明神的示现，又于醍醐水有所感得，于是开始建造小堂宇，设置准胝观音和如意轮观音，醍醐寺的创建即由此开始。此后在醍醐天皇、朱雀天皇和村上天皇的庇护下，寺建得到很大发展。醍醐寺虽然分为上醍醐寺与下醍醐寺，但总称为醍醐寺。终于，醍醐寺也成为三论传承的一个基地，但却在承平元年（931）遭遇太政官府颁发“年分度者三论宗一人真言宗一人”的敕令，而且是以真言宗为本宗，以三论宗为末学。真言宗虽然处于优位，三论的修学无疑也在继续②。

另一处将修学的三论宗僧侣定为年分度者的寺院为京都的劝修寺。据《类从三代格》卷二“年分度者事”中收入的延喜五年（905）9月21日的太政官府“应以劝修寺为定额寺并置年分度者二人事”的内容可知，有“真言宗声明业一人”，同时也有“三论

① 《东大寺续要录》诸院篇：“三论长者、诸宗三论宗中殊撰器量、以官符所补来也。而延久三年、永以东南院院主可为此宗长者之由、被宣旨以来、于今无违例矣。”（《东大寺续要录》，第167页。）

② 永村真：《中世醍醐寺と三论宗》，大隅和雄编《佛法の文化史》，吉川弘文馆，2003年。

宗一人”。

> 三论宗一人
>
> 可读法华经一部八卷、最胜王经一部十卷、仁王经一部仁卷、中观论义部四卷、百论义部二卷、十二门论义卷。①

对于三论宗的年分度者来说，三论的读诵与《法华经》《最胜王经》和《仁王（般若）经》这护国三部经皆为必修功课。而此劝修寺，相传是醍醐天皇为其逝去的母亲藤原胤子于泰昌三年（900）修建的一座寺院，当时由东大寺出身的法相宗僧侣承俊开山。到了延喜五年（905），其地位已位列定额寺。劝修寺也是一所与南都以及皇室关系非常深厚的寺院，还是真言宗小野流的中心寺院。由上可见，平安期的三论宗多有与真言宗在特定寺院共同修学的情形。

院政时期活跃于南都东大寺的僧侣，如永观、珍海、明遍等人，皆以三论宗为本宗②。据《三国佛法传通缘起》卷中的“日本三论宗”条，有“既是有永观、珍海，树朗、重誉并中古学英。来智解鸾凤也。明遍、贞敏、秀慧、觉澄，俱近代明哲，是学识玉镜也。厥后树庆、智舜、快元、定春等，继踵腾旨，不可胜计者也”③，他们都是

① 《新订增补国史大系类从三代格》，第105页。

② 关于永观，有舍奈田智宏《永观の往生思想における三论教学位置づけの再考》，《大正大学大学院研究论集》34，2010。以及《永观とその往生思想の研究》，《大正大学大学院研究论集》34，2010。关于珍海，有奥野光贤《禅那院珍海の研究（序说）》，《驹泽短期大学佛教论集》12，2006。

③ 《大日本佛教全书》，第101、112页下。

平安后期到镰仓时代值得特书一笔的三论僧侣。

此外，元兴寺的安远律师在圣宝卒后的延喜十四年（914）著有《三论宗章疏》，其中记录有应修学的一些经论。除中论、百论、十二门论的三论外，还有《大智度论》的注释书，即“智度论疏十四卷八百四十三纸，僧侃述；智度论疏二十四卷一千一百四十五纸，惠影述”（大正55，1138上）。此外诸如《掌珍论》《起信论》的注释书、《肇论疏》《四论玄义》《大乘义章》和《一乘佛性究竟论》等也在所记之列。所以即便说是三论宗，也并非只限于三论。这里要注意，三论宗僧侣撰述的一些经论的注释书也都在广泛的修学范围内。

二、中世时期演变的发展与受容

（一）“论义”和“谈义”的兴盛

到了平安中期以后，教学传承方面的论争由大范围的、教理性的诤论演变为“论义”或“谈义”这种具体围绕经典记叙的统一性展开的形式。“论义”和“谈义”的兴盛始于以学识优劣来任命僧纲这一朝廷于延历二十五年（806）所颁发的官符，此后逐渐发展，进而成为日本佛教的一种特征[①]。在此过程中，“论义”和“谈义”也和诤论一样，都加深了对教理的理解。不过就形式而言，“论义”是一

---

① 上岛享：《中世前期の国家と佛教》，《日本史研究》（403号），31-61，1996。后来在《日本中世社会の形成と王权》（名古屋大学出版会，2010）一书中有所修订。

对一，而“谈义”则是多人，要么双方人数对等，要么以一位中心人物为主，换言之，“谈义”在形式上是多对多或以一对多来进行教义和学问的辩论。

以“论义”和“谈义”的形式习得的知识，在法会上的“论义”现场呈现出来，其结果还将直接与僧侣的升迁相关联，这也成为日本独特的一种形态。而这种既是现场呈现又关系到僧侣升迁的高规格法会，最终形成了“南都三会”和“北京三会”。到了院政时期，在这些法会基础上又出现了“三讲”这种最高规格的法会，此即由院政当权者创设的“法胜御八讲”“仙洞最胜讲”以及由天皇创设的“宫中最胜讲”[①]。

在这些“论义”和“谈义”最为兴盛的活动中涌现出了平安后期三论宗杰出的僧侣，其代表人物就是珍海（1091–1152）。珍海跟从东大寺东南院的觉树修学三论，此后于醍醐寺亲近密教和因明。在珍海遗留的“论义”资料中最有名的有《大乘正观略私记》一卷、《三论玄疏文义要》十卷、《大乘玄问答》十二卷、《一乘义私记》一卷、《八识义章研习抄》三卷、《三论名教抄》十五卷等。这些资料均被收入《大正新修大藏经》第七十卷中，而在《大乘正观略私记》卷一的“第四立宗本教”中就记录着三论宗应修学的经论，其文字今天读来也颇有意味。

---

① 另外，以论义、谈义来修学并在法会上呈现出来，这点与僧侣升迁相关联的形态，在平安时代前成立的宗派中一直沿袭着，直到今天。例如，法相宗现在仍在实行的慈恩会，就是这种论义法会之一，非常有名。

问：今宗以何为本教。答：智度、中、百、十二门也。问：若尔应言四论宗。何云三论耶。

答：中论玄答此问略有八义。第一云、一一论各具三义。一破邪、二显正、三言教。以同具此三义故、合名三论。第五云、此三部同是大乘通论。故名三论（云云）。

（大正 70、197 上 19–23）

由上可知，三论宗要修学的基本典籍，不只有《中论》《百论》和《十二门论》这三论，常规书目中还有《大智度论》，这一点倒是与镰仓时代后半期的凝然所见相同。[①]

（二）中世时期东大寺的教学复兴

东大寺和兴福寺这些奈良代表性的寺院在院政的最后时期，即治承四年全部烧毁于平氏战乱的战火中。据《东大寺续要录》诸院篇中的“尊胜院”条，“治承四年十二月二十八日，为平家逆贼清盛入道，大佛殿以下东大兴福两寺诸堂诸院，悉为灰烬之克，尊胜院内堂阁，僧院同交炎火毕。”[②]又依“东南院”同日所记，则有“东南院同成灰烬毕。所残才院主房，经藏等是也”[③]。可知东大寺代表性的两大院家基本上尽付战火，所剩无几。

① 《三国佛法伝通缘起》卷上、三论宗项有：“中论百论十二门论是名三论。若加智论、即有四论。”（《大日本佛教全书》，第 101、102 页下。）

② 筒井宽秀监修：《东大寺续要录》，国书刊行会，2013年，第185页（以下略称为《续要录》。）

③ 《东大寺续要录》，第 168 页。

源平之战后不久，佛教的复兴开始提上日程。当时为重振东大寺设置了大劝进一职，重源为第一任。而以三论宗为本宗的元照（1221–1277）则是最早一位力图实现佛法重兴的重要人物。根据凝然所著的《元照上人行状》，元照生于东大寺的住侣之家，其家学渊源，为三论宗僧侣辈出之家。此外，元照还为东大寺伽蓝的再建而尽力，其中又以戒坛院的复兴格外引人注目。

此外，元照在佛法振兴上也起到重要作用。在九条道家（1193–1251）的帮助下，元照赴京都在创建东福寺的圆尔辨圆（1202–1280）座下学习，听闻《宗镜录》的讲学，在中世时代又一度对禅生发热心和关切，也为三学的复兴尽心竭力。但在其教学上却是以真言宗为重点的。[①]

中世时期的东大寺值得一提的讲会是“世亲讲”和“三季讲”。“世亲讲”始于建久七年（1196），“三季讲”始于贞永元年，两者皆为东大寺的重要讲会。讲席内容为《俱舍论》，其中“世亲讲”在东南院，“三季讲”在尊胜院举行。据《东大寺续要录》的“三季讲讲始事”有“被讲法华经第一卷，被谈俱舍论第一卷”[②]，可知讲《法华经》时也谈论《俱舍论》。此外又有“相当俱舍论义卷、令定每季之所谈、讲问一座、论匠三双可行之（云云）。”[③]是说有“讲问”（讲师和问者之间）交互进行的“论义”一座，有“论匠”（身份并不很高

① 大西龙峰：《鎌仓期三论学と禅宗》,《驹泽大学佛教学部论集》16，1985，第318–350页。

② 《东大寺续要录》，第148页。

③ 同上。

的僧侣）二人轮番交替进行提问和回答的“番论义”三座。由此推测，当时这样的讲会要连续举行几十天。

三论宗的复兴虽然是以东南院为中心，但新建的寺院也延续着三论学习。《东大寺续要录》的佛法篇中就记载了多起新讲[①]，下面顺序介绍。

东南院于保延二年（1136）开始举办“大乘义章”三十讲，即召集三论宗信徒连续举办三十座讲会，内容分为200余科。接下来还有嘉祯三年四月二十五日创办的“因明讲”，这是说，在“三季讲”和“世亲讲”中，春季的“世亲讲”中没有因明的内容，故而在“论义”中加入了因明，因此就称为“因明讲”。

下面再看新寺院的三论教学情况。据《东大寺要录·佛法篇》的“当寺别当法务定亲，仁治三年六月之顷，始被建立一院家，号之新院”，可知仁治三年（1242）新创建一处院家。在此院家举办的“谈义”，记载了当时三论修学的具体情况。虽然内容略长，笔者还是引用一下。

> 即自宝治三年正月二十二日于彼院家。撰一宗而掘二十人之学徒。点二季而始七十日之谈义。偏叹三论义宗之衰微。令谈中百十二之论疏。精谈穷渊底。料简涌才智。

① 东大寺代表性的讲会有“世亲讲”，创始于建久七年（1196）。据传世亲“造论千部”，为蒙福其恩德而创建“世亲讲”，始于当年的春三月。但讲会时间颇长，别当的醍醐僧正逝去。因此以后就改为十月开始。讲会按“讲众三十人、先达十人”规制举办，从翌年的建久八年开始，其“飨膳”就改为“寺家沙汰”，即由东大寺整体负担。

每日讲问一座。以当所大事为疑问。讲问之后。谈义之前。以先日被讲之所令复读。其间。差定复读师。疑问者。疑问一一举疑。讲师重重令答。加之。诸众同出不审。满座各散凝滞。仍冰水当慧日而解。朦雾迎觉而晴。三论之法命。依之可继一。宗之智灯。为之可挑者欤[①]。

这里说“谈义”一共持续了七十日之久，围绕《中论》《百论》《十二门论》每日举办一座。从文中出现的“精谈”和“料简”等词中，我们仿佛能看到当时详细讨论典籍、认真判断是非的情形。在“谈义”之前为复习之故要先行“复读”前一天所学，若有疑问，则一一举出由讲师逐一应答。甚至参会者在现场提出疑问，再在参会者中解决。由此记叙可知，当时认真辩读文本、重重解答质疑、力求禅明义理的修学是真实存在的。这是一种多人的集体性教学，与一对一进行的“论义”在内容上没有太大差别。总之，中世时期的东大寺通过“谈义”和“精谈”来钻研教学是确有其事的，文中的“三论法命依之可继”也正是对当时僧侣们通过“论义”和“谈义”以及“精谈”和“料简”等方式来保证三论宗的法脉之继承成为可能的一种如实写照。

（三）“论义”和“谈义”中的实际修学内容

那么通过“论义”和“谈义”实际上能学到什么东西呢？反映

① 《东大寺续要录》，第 153 页。

这方面详情的资料现存于东大寺图书馆，笔者这里再列举一些。这些关于修学的资料为《惠日古光钞》全十帖，为活跃于东南院的圣守（1215–1291，元照的兄长）所留存，学者永村真很早就注意到这些文献的存在[①]。现阶段的研究可知该文献收录了当时高规格法会上关于三论宗多达四百个的论题。

很难得的是，《惠日古光钞》保留了提问和回答两部分的文字，且回答的部分分量更重。一般来说名为《问答记》的资料往往问的部分很多，是为提问一方准备的资料。而这部文献却在“论义”典据的经论方面很充实，想来是为回答一方即讲师准备的资料[②]。《惠日古光钞》各卷的封二（封皮内侧）有典籍名称，如下所列：

第一帖　大乘玄　净名玄　二谛章

第二帖　金刚般若疏　大品疏　大品游意　仁王疏　华严游意

第三帖　中论疏　百论疏　十二门论疏　三论玄

第四帖　义疏第一已下六卷

第五帖　义疏第七已下六卷

第六帖　金光明经疏　维摩经疏　胜鬘经疏　弥勒经游意　观经疏

第七帖　法花玄论

第八帖　涅槃疏上十卷

① 永村真：《中世寺院资料论》，吉川弘文馆，2000 年，第 273–300 页。
② 同上，第 292 页。

第九帖　涅槃疏下十卷　同游意

第十帖　法华游意　法华论疏　统略

13世纪中叶的三论宗，修学经论除三论以外，《大乘玄论》《净名玄论》《法华玄论》《义疏》(即《法华义疏》)等吉藏的著作占了多数[①]。其中《法华玄论》作为吉藏代表性的《法华经》注释书非常重要[②]，下面举出一些实际的“论义”内容。《惠日古光钞》第七帖的开头部分有“问、释迦昔为雪山童子超几劫耶”“问、法花以□教说法身常住、引何文证之耶”“问、智论中举十种大经、于中以般若为深大〈文〉。尔者今此文十种经中、以般若经为深大可云耶”等，凡此三十一问均以目录形式列出。一般来说“论义”是两问两答，然后是对相关经论的引用。但有时也会不同，比如以“私见”出现的情形。下面看特殊例子的第三个议论。

〈建仁　久成八讲　澄元问贞玄〉〈建永二　粟田口　澄元问贞玄〉

问、智论中十种大经、于中以般若为深大〈云云〉。尔者、今此文十种经中、以般若经为深大说可云耶。进云、金陵大师释云、以般若经为深大〈云云〉。付之、见智论文、十种大经中、所说般若波罗蜜、于六波罗蜜中为深大

① 吉藏据传现存有26部著述，但《大乘玄论》是否为其所撰是存在疑点的。参照奥野光贤《〈大乘玄论〉に関する诸问题——一乘义を中心として—》,《驹泽大学佛教学部研究纪要》70，2012。

② 平井俊荣:《法华玄论の注积的研究》，春秋社；伊藤隆寿:《书评・平井俊荣〈法华玄论〉の注释的研究》,《驹泽大学佛教学部论集》18，1987。

说之。何以般若经为深大释耶。

玄论第三云、释论解释问乘品云烈十种大经、所谓云经大云经花首住法华经等、是摩诃般若经等中最为深大〈云云〉。

下文云、般若十种经中最大者。然惣众经之极、以实相为宗缘、群圣之心用妙惠为主。夫万化非无宗而宗之者、实相也。(以下略)

又云、古有大品所谓般若为得道经。此言符论最大之旨、以一切得道皆由般若故、般若最大〈云云〉。

智论第四十六云、问曰、是经名为般若波罗蜜。又佛□□菩提为菩萨、说般若波罗蜜。须菩提、应问般若波罗蜜。佛应答般若波罗蜜。今菩提何以乃问摩诃衍佛。亦答摩诃衍。(以下省略)

惠疏云、一切大乘诸经皆明常住佛性、是等无优劣。但以时处众别教成多部不动。〇而今所以云般若大者、有何大乘相而不明般若为胜。(以下略)

私云、见论文、始此经名为般若波罗蜜、而何说摩诃衍、问次第观□□之引十种经之结此诸经中般若波罗蜜深大故、说摩诃衍。论文起尽、相叶大师释乎。委可见论文一段也。惠释不审也。豪信云也。

这里只有问而没有回答的部分，看起来多少有些特异。但在回答部分列出了可参照的经论，所以还是属于典型形式。最后，“私云”

部分为编撰者（即圣守）的意见，是说该观点与吉藏的解释相一致，最后说的“惠释不审”也，是连斟酌的结果也原样照录了。

上述议论是建仁年间（1201–1204）举办的“御八讲”以及“粟田口”（青莲院举办的法会）法会上两次问贞玄的内容。同样内容的法会举办了两次，这一点在引文第一行的分注部分有表述。内容涉及《法华玄论》所记的十种经典（大正三四三八二中），问作为典据的《大智度论》，其中提到的十种经典（典据是大正二五、三九四中）中是否可以以《般若经》为最深奥[①]。

《大智度论》中说的是“般若菠罗蜜”为最殊胜。“此诸经中、般若波罗蜜最大故、说摩诃衍”（大正二五、三九四中），而《大乘玄论》里则以《般若经》为最优胜而并非般若波罗蜜。关于“惠释”，说遗憾不知其所指为何，其典据也无法确定，故而以“不审也”表示疑义。总之，该“论义”是围绕《大智度论》和《大乘玄论》文字的整合性问题而发。

综上，所议内容多是关于经典记叙的整合性问题，这点可谓当时“论义”和“谈义”的一大特征（而最终的结论尚留待以后更多相关研究成果的问世）。

---

① 关于对十种经的议论，可参见菅野博史：《中国法华思想の研究》（春秋社，1994）一书中第431—439页的相关考察。

小　结

以上我们考察了奈良朝时期到中世时期三论宗的实际修学情况。虽然日本最早的佛法修学是三论宗，这是毫无疑问的，但同时又存在三论宗和真言宗兼修的倾向。这点主要受到日本弘传三论宗的第三位人物道慈的影响，因为道慈曾师事善无畏。

古代寺院在9世纪中叶以后出现了与“宗”具有密切关联的寺院。就三论宗而言，其大本营是东大寺的东南院和京都山科的醍醐寺。又，虽然当时的僧侣一般选择兼学，但同时不要忘了，他们往往会从兼学中选取自家的“本宗”这一点。

古代时期，修学僧侣往往聚集在“师所”，如果遇到与他宗不同的观点时，会举办名为“诤论”的议论，在议论的过程中钻研佛法，积累修为。然而，到了平安时代诤论转换为“论义”和“谈义”这种形态且成为当时修学的主流。这时以经论文字的统合性为主要考量，但是在“论义”和“谈义”的过程中，自然也积累了教学的钻研和修行。

治承兵乱以后中世时期的东大寺得到复兴。在三论宗教学钻研方面留存下来的文献为《惠日古光钞》十卷，其中记录的内容以《中论》《百论》《十二门论》为基本典籍，但《法华义疏》《大乘玄论》《净明玄论》等多种论疏也在修学讨论之列。“三论”以外《大智度论》《大乘义章》以及吉藏的著作也为修学的基本典籍，这一点可以说也是日本三论宗的一大特征。

（张宇红　译）

参考文献

1. 石田茂作《写经より见たる奈良朝佛教の研究》，东洋文库丛书，1930 年。后于 1966 年再版。1982 年，东洋书林发行，据原书房复刻。

2. 伊藤隆寿《智光の撰述书について》，《驹泽大学佛教学部论集》通号 7，1976 年。

3. 伊藤隆寿《书评・平井俊荣〈法华玄论〉の注释的研究》，《驹泽大学佛教学部论集》18，1987 年。

4. 上岛享《中世前期の国家と佛教》，《日本史研究》(四〇三)，1996 年。

5. 上岛享《日本中世社会の形成と王权》，名古屋大学出版会，2010 年。

6. 大西久义《〈净名玄论略述〉の引用文献》，《驹泽大学大学院佛教学研究会年报》17，1984 年。

7. 大西龙峰《镰仓期三论学と禅宗》，《驹泽大学佛教学部论集》16，1985 年。

8. 奥野光贤《禅那院珍海の研究（序说）》，《驹泽短期大学佛教论集》12，2006 年。

9. 同《〈大乘玄论〉に関する诸问题——一乘义を中心として》，《驹泽大学佛教学部研究纪要》70，2012 年。

10. 菅野博史《中国法华思想の研究》，春秋社，1994 年，第 431-

439页。

11. 木本好信编《奈良朝典籍所载佛书解说索引》，国书刊行会，1989年。

12. 舍奈田智宏《永观の往生思想における三论教学位置づけの再考》，《大正大学大学院研究论集》34，2010年。

13. 同《永观とその往生思想の研究》，《大正大学大学院研究论集》34，2010年。

14. 末木文美士《智光〈般若心经述义〉について》，田村芳朗博士还历纪念论集，《佛教教理の研究》，春秋社，1982年。

15. 末木文美士《道诠の〈群家诤论〉について》，平井俊荣监修《三论教学の研究》，春秋社，1990年。

16. 永村真《中世寺院资料论》，吉川弘文馆，2000年。

17. 同《中世醍醐寺と三论集》，大隅和雄编《佛法の文化史》，吉川弘文馆，2003年。

18. 花塚久义《〈净名玄论略述〉の资料的价值》，《驹泽大学大学院佛教学研究会年报》16，1983年。

19. 松本信道《三论・法相对立の始原とその背景》，平井俊荣监修《三论教学の研究》，春秋社，1990年。

20. 松本信道《〈大佛顶经〉の真伪论争と南都六宗の动向》，《驹泽史学》33，1985年。

21. 平井俊荣《法华玄论の注释的研究》，春秋社，1987年。

22. 平井俊荣监修《三论教学の研究》，春秋社，1990年。

试论梵语声字在般若经典中的形态与功能

中国社会科学院世界宗教研究所教授　周广荣

引　言

般若为诸佛之母，能示诸佛世间实相，《般若经》在佛教史上也具有非常重要的地位，它是最早的大乘佛典，是大乘佛教成立的标志；它又是成立时间跨度最大的佛典，从早期的八千颂般若到晚出的《一字般若》，其时间跨度或达一千二、三百年；它还是规模最大的佛典，此经总有十六会，其汉译本达六百卷，除此之外，尚有《了义般若》《帝释般若》《小字般若》《佛母般若》等多种，是卷帙最大的丛书式佛典；它更是义理最为丰富的大乘经典，明末憨山大师说，不读华严不知佛家之富贵，我们也可以说不读般若则不知佛家之汪洋幽玄。缘于般若经典的上述特点，要完整、准确把握其教义体系，殊非易事，因此全面探究般若经典教义体系的著述非常有限，在汉传佛教史上仅有明代蕅益智旭《阅藏知津》卷、清代葛髗《般若纲要》做提要钩玄，近人欧阳渐《大般若波罗蜜多经叙》述其要旨，本文试图从梵语声字在般若经典中的形态、功能与应用入手，揭示佛教语言文字观念乃至整个佛教的发展变化。

这里所说的声字指的是梵语“阿刹罗”（akṣara）一词。在印度古代文化背景中，这个词语具有哲学、语言学两个方面的意义。从哲学层面言之，阿刹罗一词具有不灭、不朽之义，因而用来指称常住不灭的终极存在；就语言学层面而言，其义项为不可分析、不可拆分的梵语言文字单位，即音节、字母等。

在印度宗教文献中，这两种义项往往是统一的，比如对印度弥曼差派、吠檀多派中的声论学派或称声常住论者（Śabdanityatāvādin）而言，世界的本源即来自 oṃ 这个音，它被称为声梵（śabdabrahman），是最重要的声字，又是创生世界的终极实在。因此，ekākṣara 一词既可以理解为不灭的唯一，也可以指代单音节。对声论者而言，oṃ，śabdabrahman，ekākṣara，praṇava（圣音）四个词语所指的皆为创生世界的终极之音。

声字这种声义互举的情形也见于佛教经典中。如《大乘大般涅槃经·文字品》即运用声字的语言与教理的双重属性，诠表涅槃之义：“迦叶菩萨复白佛言：世尊！所言字者，其义云何？善男子！有十四音名为字义。所言字者，名曰涅槃，常故不流，若不流者，则为无尽。夫无尽者，即是如来金刚之身。是十四音名曰字本。”①经文中所说的不流（常）、无尽（金刚）、字、字本、音都可以从 akṣara

① 《大般涅槃经》《文字品》第十三，《大正藏》第 12 册，第 653 页。

的双重义项中获得准确地理解。唐代惟谨《大毗卢遮那经阿阇梨真实智品中阿阇梨住阿字观门》有云："梵有二音，一名阿刹罗，是根本字，亦名不动义，不动者是菩提心义。"[①]这也是对声字双重义项的准确解释。

在汉译佛典中，阿刹罗通常被译作声字、音、字、字本、根本字、字母等，以陀罗尼、真言、明、咒、秘密语等形式，在以《般若经》《华严经》《大般涅槃经》等为代表的大乘佛教经典中有广泛应用。不过，其形态、属性、功能与应用在不同的经典、不同的时期都有显著的差别，本文拟就声字在不同时期的大乘般若经典的形态与功用做些讨论。

一、早期般若经典中的陀罗尼与四十二字门

在早期般若经典中，声字是以陀罗尼的形式出现的。《大般若经》开篇即以陀罗尼门、三摩地门作为大乘菩萨所具备的功德或修习的法门，故《大般若波罗蜜多经》卷第一《初分缘起品》第一之一开篇即云：

> 如是我闻：一时，薄伽梵住王舍城鹫峰山顶，与大苾刍众千二百五十人俱，皆阿罗汉……复有无量无数菩萨摩诃萨众，一切皆得陀罗尼门、三摩地门，住空、无相、无

① 唐惟谨：《大毗卢遮那经阿阇梨真实智品中阿阇梨住阿字观门》,《大正藏》第18册，第193页。

分别愿，已得诸法平等性忍。[①]

在接下来的经文中，与十方诸佛对谈的十位菩萨，即普光、离忧、行慧、胜授、离尘勇猛、莲花手、日光明、宝胜、莲花胜、喜授，从诸佛教赐，请往堪忍世界，观礼、供养释迦牟尼如来及菩萨众，得无碍解陀罗尼门、三摩地门神通自在。从这些记述中，可以看出陀罗尼门与三摩地门是菩萨修行中必备的基本功德。龙树《大智度论》在解释这段文字时即明确指出"以得诸陀罗尼、三昧及忍等诸功德故，名为菩萨摩诃萨"。《大般若波罗蜜经》卷五十六《初分赞大乘品》第十六之一更把三摩地、陀罗尼门作为大乘佛法的重要标志："复次，善现！如是大乘当知即是三三摩地，乃至十八佛不共法。复次，善现！如是大乘当知即是文字陀罗尼等一切陀罗尼门。"[②]

何谓陀罗尼门？何谓三摩地门，二者在早期般若经中居于什么地位与作用？

陀罗尼，梵文作 dhāraṇī，dhāriṇī，来自梵文词根 √dhṛ（执持、拿着），意译总持、能持、能遮。龙树《大智度论》卷五释云："云何陀罗尼？答曰：陀罗尼，秦言能持，或言能遮。能持者，集种种善法，能持令不散不失，譬如完器盛水，水不漏散。能遮者，恶不善根心生，能遮令不生，若欲作恶罪，持令不作。是名陀罗尼。"[③]根

① 玄奘译：《大般若波罗蜜多经》卷第一《初分缘起品》第一之一，《大正藏》第 5 册，第 1 页。

② 《大正藏》第 5 册，第 319 页。

③ ［印度］龙树：《大智度论》卷五，T25/95c。

据龙树的解释，可以把陀罗尼理解为摄持佛教正法、遮持不善法的慧念之力（smṛti）。[①]

在早期的佛典中，与陀罗尼类似的词已出现。巴利藏《毗奈耶经》载："学文字，学忆持，为守护而学咒文……不犯。"[②] 此处的"持"，或译执持、总持，音译为陀罗那，梵语作 dhāraṇa，是一种淬炼心智的修行法门。在此之前，或与之同时，印度六派哲学中的瑜伽派把"持"或"忆持"视为瑜伽八支之一，把它与禅那（dhyāna）、三摩地（samādhi）视为八支中的内三支，即精神层面的修行法门，称为"总御"（samyama）。[③] 在瑜伽修行实践中，这三种法门是依次递进的观想法门，陀罗那是第一步，即摒除外界干扰，将注意力集中到所要观想的对象上面。其对象或为一种，或为多种，注意力集中于对象之上，心不散乱，故言总持。第二步为禅那，或译为禅，义作止寂，静虑，观想者的注意力集中于对象的某一点上，注意力进一步集中，是更深层次的观想状态。最后的三摩地，或称三昧，义作等持、定，是最深层次的观想。在这种状态下，观想者与对象达到平等一如的无分别状态，无观者，无所观，即物我两泯的深层入定状态。[④]或有论者从观想（我）与所观（境）的关系阐述

---

① 窥基:《大般若波罗蜜多经般若理趣分述赞》卷第二："陀罗尼者，此云总持，以念慧为性。"(《大正藏》第 33 册，第 38 页)

② 《比丘尼分别》"波□提法" 第四十九之一，元亨寺版《汉译南传大藏经》第二册，第 425 页。

③ ［印］钵颠阇利著、毗耶娑注疏，黄宝生译:《瑜伽经注疏》，北京：商务印书馆，2016 年。

④ 参《印度教百科全书》第 3 卷 "陀罗纳" 条，第 422 页。

三者的差别，即陀罗那是有我之境，禅那是无我之境，三摩地是无我无境的俱泯状态。

与瑜伽派的修行实践相类，《般若经》也把陀罗尼门、三摩地门并举，作为大乘菩萨修行的标志性法门，而且把陀罗尼、三摩地、忍等作为由浅入深的修行次第。龙树认为，就其法性而言，陀罗尼法门“或心相应，或心不相应，或有漏，或无漏，无色，不可见，无对，一持，一入，一阴摄，法持，法入，行阴，九智知（丹注云：除尽智），一识识（丹注云：一意识）”[①]，尚处于心智修行的初始阶段。三摩地门，即三昧，包括空、无相、无作三种三昧，“思惟近涅槃故，令人心不高不下，平等不动”，为“第一实义实利，能得涅槃门”[②]，是陀罗尼法门的深化与提升。简单地说，陀罗尼法通染静，三摩地门近涅槃，二者是方便与解脱的关系。[③]

就陀罗尼的外在相状而言，陀罗尼通常是以不同的声字组合形式出现，如无着《显扬圣教论》卷三谓：“若欲略说陀罗尼相者，谓诸菩萨成就字类，通达于名句文身，如意自在，得如是种类念持之力。”[④] 因此，《般若经》在言及陀罗尼的命名时，往往从音声、言语

---

① ［印度］龙树：《大智度论》卷五，T25/95c。

② 同上，T25/96c。

③ 无著在《显扬圣教论》卷三指出，陀罗尼门“分别开演一切种染净之义”，三摩地门是“诸声闻独觉不达其名，此诸三摩地悉能建立十方世界一切三摩地所作之事”。(《大正藏》，第 492 页)《大智度论》卷二十八：“陀罗尼，如《赞菩萨品》中说。门者，得陀罗尼方便诸法是，如三三昧名解脱门。”(《大正藏》第 25 册，第 268 页)

④ 《大正藏》第 31 册，第 492 页。

与文字着眼，如闻持陀罗尼、入音声陀罗尼等："若人欲得所闻皆持，应当一心忆念，令念增长……所闻皆持不忘，如是等名闻持陀罗尼门。复次，菩萨闻一切音声语言，分别本末，观其实相……是名入音声陀罗尼。"[①] 更有以声字之数划分其类别，"一字门者，一字一语，如地名浮。二字门者，二字一语，如水名阇蓝。三字门者，如水名波尸蓝，如是等种种字门"。[②]《大般若波罗蜜多经》卷第三百八十一《初分诸功德相品》第六十八之三亦详列不同字数的陀罗尼门："善男子！汝应善学引发诸字陀罗尼门，谓应善学一字、二字、三字、四字、五字、六字、七字、八字、九字、十字，如是乃至二十、三十、四十、五十、六十、七十、八十、九十、若百、若千乃至无数，引发自在。"[③]

在《般若经》中的所有陀罗尼中，最为重要、最为根本的则是被称为文字陀罗尼门的四十二字门。四十二字门的相关内容分别见于《般若经》卷第五十三《初分辩大乘品》第十五之三、卷第四百一十五第二分《念住等品》第十七之二、卷第四百九十第三分《善现品》第三之九，即十六会《大般若经》中的初会、二、三会，系世尊为须菩提（善现）分辨大乘空义，所讲的内容基本相同，都把四十二字门作为"诸菩萨摩诃萨大乘相"之一，通过对四十二字受持、读诵、通利、解说，悟入诸法空义。为了对四十二声字及其

① 龙树造，鸠摩罗什译：《大智度论》卷二十八，《大正藏》第25册，第268页。
② 《大正藏》第25册，第366页。
③ 《大正藏》第6册，第969页。

诠表教义有相对清晰的了解，今列其经文如下：

复次，善现！菩萨摩诃萨大乘相者，谓诸文字陀罗尼门。尔时，具寿善现白佛言：世尊！云何文字陀罗尼门？佛言：善现！字平等性、语平等性，言说理趣平等性入诸字门，是为文字陀罗尼门。世尊！云何入诸字门？

善现，若菩萨摩诃萨修行般若波罗蜜多时，以无所得而为方便。

入裒字门（a），悟一切法本不生（anutpanna）故。

入洛字门（ra），悟一切法离尘垢（rajas）故。

入跛字门（pa），悟一切法胜义（paramartha）教故。

入者字门（ca），悟一切法无死生（cavana）故。

入娜字门（na），悟一切法远离名相（nāma）无得失故。

入砢字门（la），悟一切法出世间（lokottīrṇa）故，爱支因缘（tṛṣṇālatā-hetu-pratyaya）永不现故。

入柁字门（da），悟一切法调伏寂静真如平等无分别故（dānta−damatha−paricchinna）。

入婆字门（ba），悟一切法离系缚（bandha）故。

入荼字门（ḍa），悟一切法离热矫秽（ḍama）得清净故。

入沙字门（ṣa），悟一切法无挂碍（ṣaṃga）故。

入缚字门（va），悟一切法言音道（vākpatha-ghoṣa）

断故。

入䫜字门（ta），悟一切法真如（tathatā）不动故。

入也字门（ya），悟一切法如实（yathāvat）不生故。

入瑟吒字门（ṣṭa），悟一切法制伏任持相（stambha）不可得故。

入迦字门（ka），悟一切法作者（kāraka）不可得故。

入娑字门（sa），悟一切法时平等性（samatā）不可得故。

入磨字门（ma），悟一切法我及我所性（mamakāra）不可得故。

入伽字门（ga），悟一切法行取性（gagana）不可得故。

入他字门（stha），悟一切法处所（sthāna）不可得故。

入阇字门（ja），悟一切法生起（jāti）不可得故。

入湿缚字门（śva），悟一切法安隐性（śvāsa）不可得故。

入达字门（dha），悟一切法界性（dharmadhātu）不可得故。

入舍字门（śa），悟一切法寂静性（śamatha）不可得故。

入佉字门（kha），悟一切法如虚空性（kha-samata）不可得故。

入羼字门（kṣa），悟一切法穷尽性（kṣara）不可得故。

入萨頞字门（sta），悟一切法任持处非处令不动转性不可得故。

入若字门（jña），悟一切法所了知性（sarvajña）不可得故。

入辣他字门（rtha），悟一切法执着义性（artha）不可得故。

入呵字门（ha），悟一切法因性（hetu）不可得故。

入薄字门（bha），悟一切法可破坏性（bhaṅga）不可得故。

入绰字门（cha），悟一切法欲乐（Skt. chanda？）覆性不可得故。

入飒磨字门（sma），悟一切法可忆念性（smaraṇa）不可得故。

入嗑缚字门（hva），悟一切法可呼召性（āhvāna）不可得故。

入蹉字门（tsa），悟一切法勇健性（utsāha）不可得故。

入键字门（gha），悟一切法厚（ghana）平等性不可得故。

入搋字门（ṭha），悟一切法积集性（ ）不可得故。

入拏字门（ṇa），悟一切法离诸喧诤（raṇa），无往无来行住坐卧不可得故。

入颇字门（pha），悟一切法遍满果报（phala）不可得故。

入塞迦字门（ska），悟一切法聚积蕴（skandha）性不可得故。

入逸娑字门（ysa），悟一切法衰老性相不可得故。

入酌字门（śca），悟一切法聚集足迹（Skt. caryā）不可得故。

入咤字门（ṭa），悟一切法相驱迫（ṣṭaṃkāṛa）性不可得故。

入择字门（ḍha），悟一切法究竟处所（ḍhaṃkāra）不可得故。

略如上列，四十二字门是以四十二个声字（音节）依次悟入种种法义，诸种法义皆以无所得而为方便，故皆以遮诠的方式，诠表种种不可得之义，以悟入法空边际，即大乘空义。声字与所诠的法义的关系，是建立在每一法义中的关键词中都含有相应的声字，即所谓“因字有语，因语有名，因名有义”[①]。这种通过声字（音节）—关键词—文句的表述方式，在以口耳相承为主要经典传承方式的印度，有非常久远的传统。早在吠陀时代，传承经典的婆罗门祭司通常把吠陀经典析为单个的声字，通过声字符串联起经典语句，记住

① 龙树造，鸠摩罗什译：《大智度论》卷第四十八，《大正藏》第25册，第408页。

了这些声字，也就能够持念相关的经典。在《奥义书》中，就有很多通过声字连贯经典文句的例子。……继之而兴起的弥曼差学派，更把单个的声字（varṇa）而非完整的句子，作为经典传承的基本单位，因之此派又称为“声论学派”或“声论学派”（varṇavāda）。因此，四十二字门的这种音义（声字与教法）诠表关系应该是印度相沿已久的传统。

对四十二字门的语音性质，龙树《大智度论》载云：“四十二字是一切字根本，因字有语，因语有名，因名有义。菩萨若闻字，因字乃至能了其义，是字初阿后荼，中有四十。”从龙树的释文中可以推测，作为一切字根本的四十二字应该是派生言语文字的根本字母。玄奘译《大般若波罗蜜多经》卷第四百七十第二分《众德相品》的一段经文中，即明确称之为“本母字”（mātṛkā-varṇa）。[①]意谓以此为母，可以拼合派生出种种语句。因此，四十二字应该是一种字母表。不过，对四十二字母的流行地域与应用情形，古今论者颇有争议。龙树在解释四十二字诠表的教义时，常用南印度的方言，如“若闻荼字，即知诸法不热相。南天竺荼阇他，秦言不热”（óajjhaüda=G Dhp.óajamaõa），“若闻他（土荼反）字，即知诸法无住处。南天竺他那，秦言处”（Pkt.ṭhàṇa=Skt. sthàna）。因此，近人印顺法师由此判断，四十二字门应出自南印度，是南印度方音系统，相应的二万五千颂《般若经》也应该编撰于南印度地区。近代以来，

① 玄奘译：《大般若波罗蜜多经》卷第四百七十：“又应善学一字能摄四十二本母字，四十二本母字能摄一字。”

欧美佛教研究者利用中亚与西北印度出土的种种写本，对四十二字母的来源问题做过不少研究，目前已经达成相对一致的认识，即由美国华盛顿大学专门研究犍陀罗语（佉卢文）的邵瑞祺（Richard Saloman）所提出的，四十二字母出自古代西北印度的犍陀罗地区，主要以佉卢文书写。他利用在犍陀罗及中亚地区发现的佉卢文与于阗文写本，尤其是师徒教授佉卢文 arapacana 的雕塑，证实四十二字门作为犍陀罗语根本字母或字母表的可靠性。[①]

就四十二字门诠表的教义而言，基本按照“入某字门，悟一切法……故”，尤其是“入某字门，悟一切法……性不可得故”式的套语，即通过字门（声字）悟入一切法的性相或性相不可得为方便，悟入般若空义。[②]四十二声字诠表的四十二教理之间是否有内在关联、次第抑或内在的逻辑，尚不清楚。值得注意的是，经文在通过遮诠的方式对诸法性相的列举后，指出佛法的一切名字，为无字法，即所谓言音道断。这种借声字言语悟入实相与真际的方式，在《蛙氏奥义书》（Māṇḍūkya Up.），亦有类似的诠表方式，如对 oṃ 音节中蕴含的奥义亦做了形而上的阐发，指出“oṃ 是一切，一切是梵，梵是

---

① Richard Salomon，New Evidence for a Gāndhārī Origin of the Arapacana Syllabary，Journal of the American Oriental Society，Vol. 110，No. 2（Apr. – Jun.，1990），pp. 255–273；An Additional Note on Arapacana，Journal of the American Oriental Society，Vol. 113，No. 2.（Apr. – Jun.，1993），pp. 275–276.

② （唐）玄奘译：《大般若波罗蜜经》卷五十三《初分辩大乘品》：“善现，如是字门是能悟入法空边际。除如是字，表诸法空更不可得。何以故？善现，如是字义，不可宣说，不可显示，不可执取，不可书持，不可观察，离诸相故。善现，譬如虚空是一切物所归趣处，此诸字门亦复如是，诸法空义皆入此门方得显了。”（T5/302b–303a。）

自我，自我四足”，从四个方面探求其形上的奥义。

<table>
<tr><td rowspan="5">Om</td><th>四足</th><th>意识状态</th><th>名称</th><th>音素</th><th>释　义</th></tr>
<tr><td>第一足</td><td>觉醒</td><td>一切人</td><td>a</td><td>或出于获取（āpti），或出于位居第一（ādimattva）；明乎此，可以获得一切愿望，成为第一。</td></tr>
<tr><td>第二足</td><td>睡梦</td><td>光明</td><td>u</td><td>或出于提高（utkarùa），或出于双重性（ubhayatva）；明乎此，可以提高智慧，成为平等者。</td></tr>
<tr><td>第三足</td><td>熟眠</td><td>具慧</td><td>m</td><td>或出于建立（miti），或出于淹没（apāti）；明乎此，可以建立一切，淹没一切。</td></tr>
<tr><td>第四足</td><td>第四</td><td>第四</td><td></td><td>不可言说，灭寂戏论，吉祥不二。</td></tr>
</table>

其中的第一、二、三足皆通过 a、u、m 三字诠表相应的法义，其第四足则通过无声之字诠表 oṃ“不可言说，灭寂戏论，吉祥不二”的真如之义。《蛙氏奥义书》产生的年代约在公元前后，与二万五千颂《般若》出现的年代相近。[①]

如上所言，借四十二字门可以悟入法空边际，诸法空义或称诸法实相亦借此字门方得显了。除此之外，通过受持、读诵、解说此四十二字门，可以获得二十种殊胜功德：

谓得强忆念，得胜惭愧，得坚固力，得法旨趣，得增上觉，得殊胜慧，得无碍辩，得总持门，得无疑惑，得违顺语、不生恚爱，得无高下、平等而住，得于有情言音善巧，得蕴善巧、处善巧、界善巧，得缘起善巧、因善

① 黄宝生译：《奥义书》，北京：中国社会科学出版社，第 308–310 页。

巧、缘善巧、法善巧，得根胜劣智善巧、他心智善巧，得观星历善巧，得天耳智善巧、宿住随念智善巧、神境智善巧、死生智善巧，得漏尽智善巧，得说处非处智善巧，得往来等威仪路善巧。善现，是为得二十种殊胜功德。善现，若菩萨摩诃萨修行般若波罗蜜多时，以无所得而为方便，所得文字陀罗尼门，当知是为菩萨摩诃萨大乘相。（T7/489b–490a）

上述二十种功德主要立足于言语、心智，以及诸种法相的觉悟与种种心智的善巧。

二、陀罗尼与咒语的合流及结集

八千颂《般若经》中盛赞般若波罗蜜多时，即称其为大明咒、无上咒与无等等咒：

佛言：如是，如是！憍尸迦！般若波罗蜜是大明咒，般若波罗蜜是无上咒，般若波罗蜜是无等等咒。何以故？憍尸迦！过去诸佛，因是明咒，得阿耨多罗三藐三菩提。未来诸佛，亦因是咒，当得阿耨多罗三藐三菩提。今十方现在诸佛，亦因是咒，得阿耨多罗三藐三菩提。[①]

也就是说在《般若经》刚撰立时即以种种咒语比况般若波罗蜜

① 鸠摩罗什译：《小品般若经》卷二《摩诃般若波罗蜜大明咒经》第四，《大正藏》第8册，第227页。

多之盛德，在后出的其他各品中亦多次出现类似的内容。之所以咒语比况般若波罗蜜多之功德，显然与在印度源远流长、功德甚著的咒语即曼陀罗传统密不可分。借助今存梵语写本佛典，《小品般若》中的大明咒（mahāvidya–mantra）、无上咒（anutara–mantra）、无等等咒（asamtya–mantra）中的咒皆为梵语 mantra 一词的义译。在后出的汉译佛典中，mantra 通常音译作曼怛罗，或意译作真言。

从字源学角度来看，mantra 由动词词根 man 与后缀 –tra 组成。man 意为思想、思考、思虑、观想等。后缀 –tra，作为一个中性词，表示工具，或事件发生的处所。将词根与后缀合起来，即是思考或思维的工具。在吠陀时代，真言指吠陀本集中婆罗门祭祀唱诵的韵文。在婆罗门看来，真言具有至高无上的地位，认为它与梵天等同，常住不变，是世间万物的起源，是婆罗门与神灵交流的工具，具有超世间的威力（sakti）。在原始佛教及部派佛教时期，佛教对婆罗门教所推崇的真言教法是持排斥态度的，禁止佛门僧徒学习婆罗门声论学派的种种梵语念诵法与相关技艺。只是从大乘佛教兴起的公元前后，也就是《小品》般若兴起的时期，才开始对以真言为代表的婆罗门教（尤其是弥曼差派）的声论传统予以关注，将其作为传播佛教的方便法门，此举正好开启了佛教融摄、吸收婆罗门教声论传统的先声。龙树在解释以明咒譬况般若的原因时，也指出大乘佛教是为随顺、超越婆罗门教即外道圣人的权宜之法：

> 问曰：释提桓因何以故名般若为大明咒?
>
> 答曰：诸外道圣人有种种咒术，利益人民。诵是咒故，

> 能随心所欲使诸鬼神。诸仙人有是咒故，大得名声，人民归伏。贵咒术故，是以帝释白佛言，诸咒术中，般若波罗蜜是大咒术。何以故？能常与众生道德乐故。余咒术乐因缘，能起烦恼，又不善业故，堕三恶道。
>
> 复次，余咒术能随贪欲、瞋恚自在作恶；是般若波罗蜜咒能灭禅定、佛道、涅槃诸着，何况贪、恚粗病！是故名为大明咒、无上咒、无等等咒。复次，是咒能令人离老、病、死，能立众生于大乘，能令行者于一切众生中最大，是故言大咒。能如是利益故，名为无上。先有仙人所作咒术，所谓能知他人心咒，名抑叉尼；能飞行变化咒，名揵陀梨；能住寿过千万岁咒，于诸咒中无与等。[①]

抑叉尼咒（yakṣiṇī-mantra）[②]、揵陀梨咒（gāyatrī–mantra）都是婆罗门教功效显著、影响巨大、流传久远的咒语。尽管如此，《小品》中的般若咒术也仅仅是譬喻的说法，事实上早期般若经典对婆罗门教的持咒、行咒之法仍是排斥的，如《般若经》第一会即上品般若中仍对咒术、占相之法持反对态度：

> 复次，善现！若不退转位菩萨摩诃萨，成就无上菩提

① 龙树造，鸠摩罗什译：《大智度论》释劝受持品第三十四（卷五十八），《大正藏》第25册，第469页。

② 玄奘译：《大般若波罗蜜多经》卷第八十一《初分诸天子品》第二十三之一：尔时，会中有诸天子窃作是念：诸药叉等言词咒句，虽复隐秘而尚可知，尊者善现于此般若波罗蜜多虽以种种言词显示，而我等辈竟不能解。（《大正藏》第5册，第454页）

> 作意，常不远离大菩提心，为净命故不行咒术、医药、占卜诸邪命事，不为名利咒诸鬼神令着男女问其凶吉，亦不咒禁男女、大小、傍生鬼等现希有事，亦不占相寿量长短、财位、男女诸善恶事……何以故？善现！是菩萨摩诃萨知一切法自相皆空，自相空中不见有相，不见相故远离种种邪命、咒术、医药、占相，唯求无上正等菩提，究竟利乐诸有情类。①

咒语出现并广泛应用于佛典中大约是在3–5世纪间的事情，其时约当印度的笈多王朝时代，梵语文学的创作、传承与研究达到前所未有的高峰，弥曼差派的声论传统，尤其是以伐致柯利为代表的梵语学者，从本体论意义探讨梵语言文字的真实常住属性，即所谓声常住论，在当时产生了非常重要的影响。以无着世亲为代表的佛教徒对真言咒语亦融摄吸纳，将真言经咒应用于佛教经论之中，也就是佛教经论中开始出现种种不同形式的咒语，其中最为典型的即是陀罗尼咒语（dhāraṇī-mantra）的出现，并成为陀罗尼四大部类之一：

> 云何菩萨妙陀罗尼？当知如是妙陀罗尼略有四种：一者法陀罗尼，二者义陀罗尼，三者咒陀罗尼，四者能得菩萨忍陀罗尼。……云何菩萨咒陀罗尼？谓诸菩萨获得如是等持自在，由此自在加被，能除有情灾患，诸咒章句，令

---

① 玄奘译：《大般若波罗蜜多经》卷第三百二十七《初分不退转品》第四十九之三，《大正藏》第6册，第674页。

彼章句悉皆神验，第一神验无所唐捐，能除非一种种灾患。

是名菩萨咒陀罗尼。[①]

在《瑜伽师地论》中，大乘佛教中的种种陀罗尼明确被分为法、义、咒、忍四部，意味着陀罗尼在佛教中的应用，以及佛教僧众对陀罗尼的认识（诸如其形态、功能与类别），都已达到相对成熟的阶段。在早期般若经典中，虽然提及为数甚多的陀罗尼，比如常见的四十二文字陀罗尼、闻持陀罗尼、分别知陀罗尼、入音声陀罗尼等，略说有五百陀罗尼，广说则有无量陀罗尼。[②]法义咒忍四类陀罗尼分类法的出现，标志着大乘佛教的陀罗尼开始与婆罗门教或印度教徒使用的咒语融和，这是新兴起的大乘瑜伽学派为应对笈多王朝时代印度教的全面复兴，尤其是针对以伐致柯利为代表的声论者所推动的宗教语言神学的勃兴而做出的革新。受此风习影响，般若经典中亦开始出现多种形式的陀罗尼咒语，如月婆首那所译《胜天王般若经》卷五“无所得品第八”所载般若波罗蜜神咒法门，即有如是陀罗尼：

多侄他　阿吼罗（理我反，下悉同）吼罗婆（蒲我反，

---

① 《瑜伽师地论》卷四十五，《大正藏》第30册，第542–543页。

② 问曰：是陀罗尼有几种？答曰：是陀罗尼多种。一名闻持陀罗尼，得是陀罗尼者，一切语言诸法耳所闻者皆不忘失。是名闻持陀罗尼。复有分别知陀罗尼，得是陀罗尼者，诸众生诸法大小好丑分别悉知，如偈说：诸象马金，木石诸衣，男女及水，种种不同，诸物名一，贵贱理殊，得此总持，悉能分别。复有入音声陀罗尼……分别诸法地陀罗尼，明诸法义陀罗尼。如是等略说五百陀罗尼门，若广说则无量，以是故言诸菩萨皆得陀罗尼。（T25/96b，龙树造，鸠摩罗什译《大智度论》卷第五）

下悉同）底（都履反，下悉同）厚罗拏（弩假反，下悉同）莎白荼（杜假反） 柘柘柘柘柘 祢（宁履反，下悉同）富拏篮多（覩饿反，下悉同）叉多 叉延多叉也莎摩（暮舸反，下悉同） 奢摩祢柯罗瓯楼瓯楼婆底杞（枯履反）罗婆底金（季侵反） 阿毗（彭履反）奢底祢莎罗祢□阇□ 摩底 阿婆栴祢婆栴跋多跋多糯莎履泉多糯悉蜜履底 提婆多糯悉蜜履底。[1]

此陀罗尼又称大神咒，能使龙、夜叉、乾闼婆、阿修罗、迦楼罗、紧那罗、摩睺罗伽，一切众生皆得安隐，消灭怨贼恶难魔障。

到6世纪中期出现的《金刚大道场经》，即把般若经中的陀罗尼咒都为一处，编集成立“般若部”，收录编排当时般若经典中的种种咒语。《金刚大道场经》或称《金刚大道场神咒经》，是大明咒藏之少分，被称为“总持三昧神咒法印坛等秘密法藏”（《陀罗尼集经》卷十二），是后来各系秘密成就法门的基础。它所宣说的内容被称为“陀罗尼印坛法门”，为“众经之心髓，引万行之导首。宗深秘密，非浅识之所知；义趣冲玄，匪思虑之能测。密中更密，无得称焉。”[2]《金刚大道经》所载各系密法包括了咒法、印法与坛法三项基本要素，即陀罗尼法、母陀罗法与曼荼罗法。可以说，正是此三种法门的相互结合，互为表里，才催生了秘密佛教的诞生。

从唐代阿地瞿多（无极高）据《金刚大道场经》编译的《陀罗

① 《大正藏》第5册，第713页。
② 玄楷：《佛说陀罗尼集经翻译序》，《大正藏》第18册，第785页上。

尼集经》卷第三《般若波罗蜜多大心经》中可见其仿佛。经文中收录了九种咒法，依次为：般若无尽藏印咒、大神咒、般若波罗蜜多聪明陀罗尼、般若大心陀罗尼、般若小心陀罗尼（两种，内容有别）、般若心陀罗尼、般若闻持不忘陀罗尼、请十六药叉大将真言。这些般若经咒的分类编排标志着在6世纪前后般若经典也随着大乘佛典的秘密化倾向，出现了不同形式的般若印咒法门。

三、般若理趣经法中的梵语声字

继《金刚大道场经》之后，各种形式的陀罗尼印咒法门得到空前的发展，其数量、规模与体系愈益繁复细密，并在7世纪发展出《大毗卢遮那成法神变加持经》与《金刚顶经》，学界通常把这两部经典的成立作为秘密佛教自觉与独立的标志。8世纪中期，不空在其《总释陀罗尼义赞》中明确以“波罗蜜道”与“真言道”，以“显教”与“真言密教”，来区分大乘佛法与秘密佛法，大小乘佛教与秘密佛教：“于大乘修菩萨道二种修行，证无上菩提道，所谓依诸波罗蜜修行成佛，依真言陀罗尼三密门修行成佛。……如上陀罗尼、真言、密言、明，义依梵文，复于显教修多罗中称说，或于真言密教中说。”[①] 此后秘密佛教作为与既往的大、小乘佛教迥异的教法体系迅速发展壮大，推陈出新，形成不同体系的秘密教法。其中

---

① 不空：《总释陀罗尼义赞》，《大正藏》第18册，第898页。

以早期陀罗尼密典为经典依据，以相应本尊为崇拜中心，具有息灾、增益、降伏、呼召等特定功用的秘密经法，即是其重要类型。这类经法将佛教早期的陀罗尼经典与新兴的密教行法结合起来，形成特定的密教仪轨。仪轨（kalpa、vidhi），或称秘密仪轨、密轨、供养法等。自古吠陀时代起，印度人即将礼拜诸神的方法，称为 kalpa，秘密佛教沿袭这一传统，将有关佛菩萨、诸天之造像、念诵、迎请、灌顶、供养、遣散等系列行法与轨则，称为仪轨。七八世纪之交，先前在佛教内部流传的各种陀罗尼经典也发展出系统化的修习体系，出现了配合这类经典的仪轨、念诵法与陀罗尼释，形成经典与仪轨相结合的秘密修行法门，如孔雀明王经法、佛顶尊胜经法等，仁王经法、理趣经法、金刚经法则是由般若类经典发展出的秘密行法。其中，般若理趣经法是最能体梵语声字在后期般若经典的形态与功能。此种经法是《般若理趣波罗蜜百五十颂》（Prajñā-paramitā-naya-śatapañcāśatikā）为根本经典，以金刚萨埵、大日如来、降三世、观自在等为本尊，通过真言（mantra）、坛场（maṇḍala）、印法（mudrā）、供养（pujā）、布字（nyāsa）、护摩（homa）、灌顶（abhiṣeka）等种种密教事相，修习灭罪、息灾、敬爱等成就法门的统称。

《般若理趣经》的翻译虽从玄奘开始，但经末咒文已由波罗颇迦罗蜜（626 年来华）传与玄模（见《法苑珠林·咒术篇》）。又《理趣经》末的经咒也已收入阿地瞿多的《金刚大道场经》抄译本《陀罗尼集经》中，可以推知《理趣经》成立的时间应该在 7 世纪之前。

从目前《大正藏》的处理方式来看,《般若理趣经》的经文属般若部,依次有如下六种:

1. 玄奘译《大般若波罗蜜多经》卷第五百七十八第十般若理趣分

2. 菩提流志译《实相般若波罗蜜经》一卷

3. 金刚智译《金刚顶瑜伽理趣般若经》一卷

4. 不空译《大乐金刚不空真实三么耶经》一卷

5. 施护译《佛说徧照般若波罗蜜经》一卷

6. 法贤译《佛说最上根本大乐金刚不空三昧大教王经》七卷

上述前五经的基本内容基本一致,但经文之前有五处出入,当系不同时期、不同传本的差异所致。宋代法贤所译有七卷篇幅,经题以“大教王经”(Mahārājatantra)即怛特罗命名,是《理趣经》不断秘密化的结果,属瑜伽怛特罗经典。

其行法属密教的《金刚顶》类经典,计有不空译《大乐金刚不空真实三昧耶经般若波罗蜜多理趣释》二卷、《般若波罗蜜多理趣经大乐不空三昧真实金刚萨埵菩萨等一十七圣大曼荼罗义述》一卷,《金刚顶瑜伽他化自在天理趣会普贤修行念诵仪轨》一卷,以及宋施护译《佛说金刚场庄严般若波罗蜜多教中一分》一卷,前后共三种。就其行法而言,《理趣经》的行法是属于《金刚顶经》的第六会还是第十三会?从说法地点、内容来看,似乎与第六会相应:“第六会名大安乐不空三昧耶真实瑜伽,于他化自在天宫说。此经中说普贤菩萨曼荼罗，次说毗卢遮那曼荼罗，次后说金刚藏等，至金刚拳菩萨及外金刚部，说般若理趣。一一尊具说四种曼荼罗，各说引入弟子仪，授理趣般若波罗蜜多法及受四种印法，品中各说求世间出世间悉地法。”[①] 而且不空所译《金刚顶瑜伽他化自在天理趣会普贤修行念诵仪轨》的内容也与《般若波罗蜜多理趣经大乐不空三昧真实金刚萨埵菩萨等一十七圣大曼荼罗义述》所述十七尊相通，但不空译《般若波罗蜜多理趣经大安乐不空三昧真实金刚菩萨等一十七圣大曼荼罗义述》一卷载：“如是等大菩萨十七清净三摩地智，依文广述，有无量名义、体用、理事成证之门。今但粗举纲目而已，出《金刚顶经》第十三会大三昧耶真实瑜伽略钞大意。”明确说此理趣经法出第十三会大三昧耶真实瑜伽。总体说来，笔者目前尚未厘清现存般若理趣经法的体系与源流。

在理趣经法中，梵语声字有更为丰富的形式，诸如陀罗尼、真言、密言、明、字轮、种子字等；其功能也更具多样化，计有息灾、增益、降伏、呼召等种种成就；其在秘教事相中的应用也更为广泛，诸如真言念诵、身印标帜、曼荼罗的布置、本尊观想等各个环节等。今选择其中的三种主要类型、功能与应用分列于下。

（一）陀罗尼真言

陀罗尼真言或称陀罗尼咒，是般若理趣经法中最常见的声字形

① 《金刚顶经瑜伽十八会指归》,《大正藏》第 18 册，第 286 页。

式。在施护译《佛说遍照般若波罗蜜经》中，遍照如来为白金刚手大秘密主宣说二十五种般若波罗蜜秘密法门，每种秘密法门都是以真言的形式出现：

> 尔时，世尊遍照如来白金刚手大秘密主言："我今复说二十五种般若波罗蜜秘密法门。汝今谛听！真言曰：
>
> 唵（小字注：引）曩谟萨哩嚩（小字注：二合）没驮冐地萨埵喃（小字注：引）；
>
> 唵（小字注：引）冐地唧多嚩日哩（小字注：二合）；
>
> 唵（小字注：引）稣啰多娑怛鑁（小字注：三合）；
>
> ……"
>
> 尔时，世尊说此真言已，告金刚手菩萨言：如是印咒，能破一切罪暗，能做一切吉祥，一切如来金刚秘密最上成就。若人得此，持诵听闻，是即名为持金刚清净如来。若有众生于此般若波罗蜜经，受持读诵随喜听闻，是人已曾于无量佛所，种诸善根植众德本。

（二）种子字与字轮

种子字（bījākṣara）又作种字、体字，是真言的浓缩，是真言修习者修习观行的对象。作为佛教经咒中最简单的形式，它或为单个的音节，或为单个的字母。之所以被称为种子字，是因为它具有含藏、出生与本具等义项，意谓种子字含藏本尊智慧，能够生出本尊功德，具足本尊之根性，与本尊一体不二。另外，种子字又具有

"自一字可生多字，多字复可赅摄于一字"的语文属性。种子字具有字义与字相，字义即种子字诠表的佛法义理，字相是种子字在观想、书写时显示的形色。修行者悟解其字义后，即观想其字相，由此字相再转生出本尊。念诵真言要具备五个步骤，依次为供养（puja），念诵（japa），献祭（tarpaṇa），护摩（homa），劝慰（samārādhana），这些环节出了问题，真言就难以产生功效。

在不空译《大乐金刚不空真实三么耶经》首章说十七清净句义之后，诸本尊即次说三么耶心明（心咒），即各自的种子字，如金刚胜萨埵说大乐金刚不空三么耶心—吽（引），毗卢遮那如来说一切法自性平等心—恶（引、重呼），金刚手大菩萨说金刚吽迦心—吽（短）等。

将种种心明依次布列，成旋转无碍曼荼罗，即成为字轮（akṣaracakra），在宋法贤译《佛说最上根本大乐金刚不空三昧大教王经》卷第二"金刚字轮三昧大仪轨分"，即有对相关字轮的记载："（文殊）从定出已，说转字轮三昧曼拏罗法：若建此曼拏罗者，当于外曼拏罗中，依法画八辐轮，于此轮围中，次第书心明（种子字）。后四方四隅分列八位，于其中位安妙吉祥菩萨。"

（三）法智印与法曼陀罗

依据不空编译《大乐金刚不空真实三昧耶经般若波罗蜜多理趣释》，理趣经法的行法（或称羯磨法）系以本经初始的十七清净句作为菩萨，每位菩萨都有相应的种子字（bīja）。种子字，又作种字、体字，它具有含藏、出生与本具等义项，意谓种子字含藏本尊智慧，能够生出本尊功德，具足本尊之根性，是本尊的标帜（mudrā）或法智印（jñāna-mudrā），与本尊一体不二。依十七清净句、十七本尊、十七种子字为本，依次说其供养念诵次第，即成十七会曼荼罗。

十七种子字、本尊、法智印	十七会曼荼罗
輆（oṃ）唵字者，金刚萨埵法智印明也。	大日尊会
亙（ma）么字者，欲金刚法智印明也。	金刚萨埵会
扣（hā）贺字者，金刚悦喜法智印明也。	毗卢遮那会
鉏（su）苏字者，爱金刚法智印明也。	降三世会
几（kha）佉字者，慢金刚法智印明也。	观自在菩萨般若理趣会
向（va）嚩字者，意生金刚法智印明也。	虚空藏菩萨会
忝(jra)日啰字者,金刚髻离吉罗法智印明也。	金刚拳理趣菩萨会
屹（sa）娑字者，爱金刚法智印明也。	文殊师利理趣菩萨会
玆（tva）多嚩字者，金刚傲法智印明也。	才发心转法轮菩萨会
切（jaḥ）弱字者，春金刚法智印明也。	虚空库菩萨会
嫟（hūṃ）吽字者，云金刚法智印明也。	摧一切魔菩萨会
嵍（vaṃ）鍐字者，秋金刚法智印明也。	金刚手菩萨会（降三世教令轮会）
�（hoḥ）縠字者，冬金刚法智印明也。	摩醯首罗天会(外金刚会）
鉏（su）苏字者，色金刚法智印明也。	七母天会
先（ra）啰字者，声金刚法智印明也。	三兄弟会
凹（ta）多字者，香金刚法智印明也。	四姊妹集会
羞（stvaṃ）萨多鍐字者，味金刚法智印明也。	五部具会

依据不空的解释，上列十七声字为十七清净句（十七本尊）的

种子字真言，或称法智印。以之为基础，将各会的主尊及其眷属的种子字依次排列，各书本位，则成为各会的法曼荼罗（dharma-maṇḍala），如第二会的金刚萨埵法曼荼罗即为如下所示：

四、结　语

略如上述，梵语声字是梵语语言学中的一个基本单位，又是印度宗教学中的一个重要概念，缘于印度古代语言与宗教之间纷繁复杂的诠表关系，声字在大多数情况下兼具语言与教义双重功能而应用，由此在很多印度古代宗教文献中，声音与义旨之间形成了互为诠表的修辞效果。

在早期般若经典中，声字是以陀罗尼的形式出现的。其中最根本、最典型的陀罗尼即是被称为陀罗尼门的四十二字门。它一方面沿袭了婆罗门教的梵语声字传统，四十二字门诠表的法义，是初期大乘佛教教义的浓缩与集萃。另一方面又是不同文化交流的产物，四十二字实为犍陀罗语的根本字母或字母表，这种字母最初是用佉卢文来书写的。陀罗尼虽为大乘佛教所专有，但就其渊源来看，作为大乘佛教训练心智的重要法门，它与当时六派哲学中的瑜伽派的修习实践或有相通之处。

4–6 世纪的笈多王朝是梵语文化发展的高峰期，陀罗尼在新出现的般若类经典中应用得更为普遍，其形态也更为多样，其功能也越来越丰富，法义咒忍四部陀罗尼分类法的出现标志着陀罗尼与真言咒语出现合流。6 世纪上半叶，在初期的密教经典《金刚大道场经》中，编纂者将此期依据《般若经》发展的印咒法门都为一集，是为般若陀罗尼印坛法门。

伴随着佛教秘密化倾向的加剧，出现了依般若经成立的秘密经法，如理趣经法、仁王经法等。在理趣经法中，梵语声字以多种形态出现，如陀罗尼、真言、种子字、字门、字轮、布字、曼陀罗等，几乎遍及整个秘密行法的各个环节。

从梵语声字的前后变化中，可以看出它在般若经典的形态经历了一个由简单到复杂、由单一到多样化的过程，其功能与属性也经历了一个由方法到本体，即从“总持无文字，文字显总持”，到以方便为究竟、一一声字皆具实相的言语观念转变。在这一过程中，佛教自身也经历了从载之空言到兼及行事（教相与事相）的转变，即从波罗蜜道到真言道的转变。康德说，人的最后文明是实践的，是伦理的。大乘学派的谈空（中观）说有（瑜伽行）最终向具体的行事与仪式的转型，即是一个很好的例证。

初期禅宗与《般若经》

东洋大学教授　伊吹敦

序

禅门根据佛性说或是如来藏思想，主张能当下获得“觉悟”。与此同时，也制定出与实现这种“觉悟”相应的独特生活规范，还参考各种经论想出种种有效的修行法。另一方面，禅宗之人又会利用各种经论对这种思想和实践体系加以说明。具体而言，关于如来藏思想，以《涅槃经》《楞伽经》《起信论》等经论为依据。关于生活规范，以《梵网经》为标准。至于具体的修行方法以及借此方法能够达到的“觉悟”境地，则以《维摩经》和各种《般若经》为根据。

初期禅宗与经论关系的大致情况即如上文所述。而初期禅宗对《般若经》的依用，则主要出于以下两个目的。

1. 思考获得“觉悟”的修行法时作为其契机或是作为此修行法之正当性的根据。

2. 证明自家已得到或想得到之“觉悟”与经论一致且具有真理

性。

本论文即以上述两个面向为中心，按时间序列考察初期禅宗是如何利用《般若经》的，以期反映这一过程中出现的禅思想变化。[①]

一、东山法门以前

虽然《二入四行论》在是否真为菩提达摩授予慧可的传法记录上存在很大疑问[②]，但从对后来的东山法门产生的影响来看，《二入四行论》确实是最早的一部禅宗文献。关于此文献，笔者以前曾提到，从中能看到以《维摩经》《涅槃经》《法华经》《楞伽经》《成实论》《优婆塞戒经》《思益经》等经论为前提的内容，但却没有明确显示是以《般若经》为依据的地方。

但即便如此，也并不表示《二入四行论》就不重视般若思想。因为该文献的实践本身就是由相信如来藏的存在这一“理入”与“报怨行”“随缘行”“无所求行”“称法行”的“四行”即“行入”这两部分组成（此即“二入”）。原本“行入”指的就是“六波罗蜜”的实践，即“称法行”的实践，从中分离出最重要的“般若波罗蜜”的是“无所求行”，而在实际践行“无所求行”时面对的一个大问题

---

① 与此相关联，笔者对此问题曾发表过题为《初期禅宗における〈金刚经〉》（阿部慈园编：《金刚般若经の思想的研究》，春秋社，1999年）的文章，可一并参照。

② 可参照拙稿《〈二入四行论〉の成立について》（《印度学佛教学研究》55-1，2006年）以及《〈二入四行论〉の作者について一》，昙林序《を中心に》（《东洋学论丛》32，2007年）。

就是“顺缘”和“逆缘”的具体处理方法，由此又产生了“随缘行”和“报怨行”[①]。

这样，《二入四行论》中般若思想就和如来藏思想共同占据了极大的比重。但即便如此，文献中也未出现般若思想的经证。对此，应该是基于般若思想本身就是自明的这一前提而觉得没有必要特意引用经证的缘故。慧可的弟子们后来将《二入四行论》增补为《二入四行论长卷子》，其中增补部分表现出《维摩经》的绝大影响。因此，若论般若思想的根据，当时看起来《维摩经》比《般若经》更受重视。

继承发展了达摩—慧可的思想和实践，成为后世禅宗母体的是道信（580–651）—弘忍（602–675）师兄弟的“东山法门”。关于东山法门的般若思想，或者说东山法门与《般若经》的关系方面，有以下四点值得注意。

1. 道宣（596–667）的《续高僧传》“道信传”中有这样一则逸话，即：吉州城被贼人围困，道信令城中之人念诵《般若》，而后贼人退散[②]。

2. 净觉（生卒年未详）的《楞伽师资记》“道信传”中，说道信著有《入道安心要方便法门》且引用了其中的文字，道信称自家教义所依为《楞伽经》的“诸佛心第一”和《文殊说般若经》的“一

① 参照前注《〈二入四行论〉の成立について》。
② 《大正藏》第 50 册，第 606 页中。

行三昧”[1]。

3. 同是《楞伽师资记》的“神秀传”，说神秀被武则天召至宫中，在问请东山法门教义所依为何时，神秀答依《文殊说般若经》的“一行三昧”[2]。

4. 东山法门重视慧净撰的《般若心经疏》，以后也由弟子们传持不断。但传持过程中，各系统对慧净的注释有所改变增补，故而有了续藏本慧净疏、敦煌本慧净疏、龙大本慧净疏和敦煌本智诜疏等多种异本[3]。

由上可见东山法门也同样继承了达摩—慧可以来一贯重视般若思想的立场，但特别应注意的是，他们重视的经典中有《文殊说般若经》和《般若心经》在内。对于前者,《楞伽师资记》的“道信章”中有如下引用（相当于上文的第 2 条）。

> 我此法要依楞伽经诸佛心第一。又依文殊说般若经一行三昧。即念佛心是佛。妄念是凡夫。文殊说般若经云。文殊师利言。世尊。云何名一行三昧。佛言。法界一相。系缘法界是名一行三昧。若善男子善女人。欲入一行三昧。当先闻般若波罗蜜。如说修学。然后能入一行三昧。如法界缘不退不坏不思议。无碍无相。善男子善女人。欲入一行三昧。应处空闲。舍诸乱意。不取相貌。系心一佛。专

① 柳田圣山:《初期の禅史Ⅰ》“禅の语录 2”，筑摩书房，1971年，第186页。

② 同上，第 298 页。

③ 参照拙稿《般若心经慧净疏の改变に见る北宗思想の展开》,《佛教学》31，1992 年。

称名字。随佛方所。端身正向。能于一佛念念相续。即是念中能见过去未来现在诸佛。何以故。念一佛功德无量无边。亦与无量诸佛功德无二。不思议佛法等无分别。皆乘一如成最正觉。悉具无量功德无量办才。如是入一行三昧者。尽知恒沙诸佛法界无差别相。[①]

据此可知"一行三昧"的内容中，重要的是以一心念佛而得见佛然后终于体得"空"这一点。虽然以这样的形式提及《文殊说般若经》的仅限于《楞伽师资记》，但需要注意下面几个事实：

1.《传法宝纪》的"后记"部分，有弘忍以后因聚集的修行者太多而不分众人能力高下，但教一起念佛的记载。[②]

2.神秀普寂一系的纲要书《大乘无生方便门》中"授菩萨戒仪"的部分，有与上条《传法宝纪》中记载相对应的修行法。[③]

3.据宗密的《圆觉经大疏钞》卷三之下，在四川省发展起来的弘忍门下有称为"南山念佛门禅宗"的一派，主要的修行方法就是念佛。[④]

同时也要注意到东山法门中"念佛"确实是实际用于修行的，因此就完全有可能要利用经典作为"念佛"的理论依据。这种情形

① 《初期の禅史Ⅰ》第186页。《文殊说般若经》的引用在《大正藏》第8册第731页上有对应部分。

② 《初期の禅史Ⅰ》，第420页。

③ 铃木大拙：《禅思想史研究第三》（铃木大拙全集3），岩波书店、1968年，第168–169页。

④ 《续藏》1–1–14、279张里上。

下，《文殊说般若经》一方面晓示“觉悟”境地是怎样一种风光，同时也为获得这种境地提供修行法依据。

这时我们就应该与上述情形一道来综合考虑道信教导众人念诵《般若》这一《续高僧传》中的记载。鉴于普通人修空观是不太可能的，那么具体来说，念诵《般若》不就是依据《文殊说般若经》来唱诵念佛么。当然还有另外一种可能性，那就是念诵《般若经》。这种场合下，想想东山法门中对“慧净疏”的传持，再想想分量极短易于读诵的特点，那么念诵的经典就非《般若心经》莫属。如果是这样，退散贼人就可以看成是与《般若心经》中“照见五蕴皆空，度一切苦厄”相对应的某种东西。

然而，东山法门中重视《般若心经》的真正理由，相比“度一切苦厄”更应该看成体现在“照见五蕴皆空”上面。因为后世的一部禅宗文献《观心论》中就明显可见到依据《般若心经》的文字：

> 菩萨摩诃萨行深般若波罗蜜多时。了于四大五蕴。于空无我中。了见自心有二种差别。云何为二。一者净心。二者染心。①

此外金刚藏菩萨撰《金刚般若经注》和惠辩撰《心王经注》中，也有与上述引文相应的文字，即：

> 前观身为微尘所成。今观十八界空。求我人相不可得。

① 田中良昭：《敦煌禅宗文献の研究第二》，大东出版社，2009 年，第 105 页。

故言非世界。(《金刚般若经注》)[①]

清净是光明。普照一切者。谓阴入界一切法。阴者五阴。色受想行识是。入者十二入。内有六根。眼耳鼻舌身意。外有六尘。为色声香味触法。名十二入。界者中间。六识六根六尘。即是十八界。是以五阴十二入十八界是一切。行人观之。空无所有。名之曰照。故云普照一切也。(《心王经注》)[②]

这些都可以看成是反映当时观“五阴”“十二入”“十八界”为“空”的修行法的一种记载。因此，这里对《般若心经》的依用，也就是在展示“觉悟”境地的同时，为达到觉悟的修行法提供根据。

二、东山法门在两京的发展与《般若经》

东山法门的修行生活在获得“觉悟”方面非常有效，因此修行者从全国汇聚而来，在得到印可后又四处散去传播教义。这样东山法门在各地就产生了很多分派。用后世的名称来说，有两京的“北宗”、岭南的“南宗”、江苏牛头山的“牛头宗”、四川的“净众宗”“南山念佛宗”等。其中最令人关注、被视为主流的自然就是在两京发展的“北宗”。神秀虽然被武则天礼请入宫供养，但身为弘忍

① 拙稿《金刚藏菩萨扑〈金刚般若经注〉校文本》,《东洋学研究》40，2003年，第119页。

② 方广锠主编：《藏外佛教文献（第一辑）》，宗教文化出版社，1992年，第258–259页。

弟子代表这一点则是其他同门弟子也承认的。然而这种情形却随着荷泽神会（668 或 686–760）的出现发生了改观，甚至连《般若经》观，荷泽宗的也与以往大为不同。在对此考察之前，我们先梳理一下“北宗”的《般若经》观。

在对名为“北宗文献”中引用《般若经》的情形加以检点时，我们首先发现东山法门时代重视的《文殊说般若经》和《般若心经》的比重降低了，而《金刚经》开始抬头，如先前所述，提及《文殊说般若经》的只有《楞伽师资记》中的二例，还均是在与道信和弘忍相关的语境中。这也许是因为，特别是在两京，东山法门与净土教的差别逐渐加大，导致“开法”中念佛的意义降低，更随着“开法”本身的衰退连其存在的意义也丧失了。

此外，对《般若心经》的引用，《观心论》中除上文的引文外，还可见到下面的例子：

> 问曰。既是无得。何有知耶。答曰。我今亦无德亦无知。是故经云。无智亦无得。以无所得。即是菩提萨埵。①

但在其他文献中却少见。原本应注意净觉是有个《般若心经注》存在的，如李知非的序文里所言：

> 后开元十五年。有金州司户尹玄度录事参军程暹等。于汉水明珠之郡。请注般若波罗蜜多心经一卷流通法界。②

① 《敦煌禅宗文献の研究》第二，第 152–153 页。

② 柳田圣山：《初期禅宗史书の研究》（柳田圣山集 6），法藏馆，2000 年，第 597 页。

属于受人之托的作品，内容上也很难说是受到禅思想的显著影响，若将此也归到重视以《般若心经》为根据之列还是需要慎重的。

另一方面，与此相对，《金刚经》的引用却频频出现在诸如《观心论》《大乘无生方便门》《修心要论》《顿悟真宗金刚般若修行达彼岸法门要决》(以下《要诀》)《楞伽师资记》《顿悟大乘正理决》(以下《正理决》)[①] 等多部文献中，可见《金刚经》与《楞伽经》《梵网经》《大乘起信论》等皆被作为最重要的经论之一。

上述文献引用的《金刚经》经文，首先有：

> 凡所有相皆是虚妄。[②]
>
> 离一切诸相则名诸佛。[③]
>
> 若以色见我。以音声求我。是人行邪道。不能见如来。[④]

这些劝人不着“相”的文字属于“空”思想一类，表现的是依修行而获得“觉悟”或者想获得“觉悟”的一种境地。

---

① 《正理决》的成立是在荷泽神会以后，但著者摩诃衍在中原修学的时期很早，其思想应当看作对 8 世纪前期神秀门下的继承，故而放在这里。

② 《大正藏》第8册，第749上。《观心论》《大乘无生方便门》《正理决》等引用了此经文。可分别参照前注《敦煌禅宗文献の研究　第二》122 页、前注《禅思想史研究　第三》168 页、上山大峻《敦煌佛教の研究》(法藏馆，1990 年，第 545 页)。

③ 《大正藏》第8册，第750中。此经文在《正理决》中有重复引用。可参照前注《敦煌佛教の研究》543 页、544 页、546 页、548 页等。

④ 《大正藏》第8册，第752上。此经文在《观心论》《修心要论》《要诀》等中有引用。可参照前注《敦煌禅宗文献の研究　第二》122 页、47 页。上山大峻“チベット译《顿悟真宗要决》の研究”，《禅文化研究所纪要》8，1976 年，第 98 页等。

此外，《要诀》和《正理决》中还有对“不应住色生心，不应住声香味触法生心，应无所住而生其心”[1]一节的注释，其中《要诀》说：

> 一切心无。是名无所。更不起心。名之为住。而生其心者。应者当也。生者看也。当无所处看。即是而生其心也。[2]

将“应无所住而生其心”原样解释为“无所处看”。根据后面文字的说明，明显可看出此“无所处看”指的是神秀门下普遍施行的“观心”“看净”。这也属于在经文中寻求修行法根据的例子，是说在“无所处”即“无所住”之处有“生其心”即“看”。这里所说并非虚无，而是伴随着一种知觉，是对此知觉的一种阐明。在此意义上，这也可以看成是“觉悟”境地的一种表现。

而在《正理决》中，则有如下注释：

> 又问。所言声闻住无相。得入大乘否。答。准楞伽经云。若住无相。不见大乘。所以不得取无想定。是故经文应无所住而生其心。[3]

这里说不能如“声闻”那般拘于“定”中的“无相”境地，是在此语境上对末尾一节经文的引用，基本上与《要诀》属于同样的立场。

---

① 《大正藏》第 8 册，第 749 页下。
② 《チベット译〈顿悟真宗要决〉の研究》，第 96 页。
③ 《敦煌佛教の研究》，第 544 页。

同样是“不应住色生心。不应住声香味触法生心。应无所住而生其心”的经文，我们再看“金刚藏菩萨注”的《金刚般若经注》，说：

> 然眼根中入正受。于色法中三昧起。示现色相不思议。一切天人莫能了。于色法中入正受。于眼起定念不乱。观眼无生无自性。说空寂灭无所有。寂灭道场。光明如来。来出现于世。为度贪色众生。乃至耳鼻舌身意。并是解脱门。无所从来门。亦无所去门。何以故。六自在王。性清净故也。①

这里援用《华严经》将经文表现为入禅定（三昧）而六根自在、不为烦恼所惑的境地。此处与上文的《要诀》以及《正理决》基本上也是同样的理解。

与《观心论》同为神秀普寂一系代表性纲要的《大乘无生方便门》中，有：

> 问。是没是邪定正定。答。二乘人灭六识证空寂涅槃。是邪定。菩萨知六根本来不动。有声无声声落谢常闻。是正定。②

如引文所说，“二乘”执着于禅定，完全否定禅定中的认识活动。但显然不区分禅定和认识活动的菩萨境地才应是追求的目标。上文《正理决》中对“声闻”的批判，就继承了这一思想并以《金刚经》

① 《金刚藏菩萨〈金刚藏菩萨注〉校文本》，第 117 页。
② 《禅思想史研究》第三，第 176 页。

作为其思想依据。

此外，还应注意到利用《金刚经》的一例，即《正理决》中在回答“何名般若波罗蜜”的部分，同时引用了出处不详的《入如来功德经》和《金刚经》经文，如下：

所谓无想无取。无舍无着。是名般若波罗蜜。及入如来功德经。或有于三千大千世界微尘数佛所供养。承彼佛灭度后。又以七宝庄严其塔。高广例如大千世界。又经无量劫供养之功德。不及闻斯法义。生无疑心而听。所获福德过彼无量百千倍数。又金刚经云。若有人满三千大千世界七宝已用布施。及以恒河沙数身命布施。不如闻一四句偈。其福甚多不可比喻。诸大乘经中广说此义。其福德除佛无有知者。①

这里强调自身所说的“般若波罗蜜”的价值，是以经文来为自家“觉悟等于般若”立场的正确性提供依据。《正理决》之所以特别强调这点，是因为在与印度僧人的思想抗衡中，以经文获取正当性有其绝对意义。

如上所述，这些文献之所以频繁引用《金刚经》，一方面是因为《金刚经》与自家想表达的思想相匹配，另一方面则不能忽视《金刚经》当时被称为“续命经”而凝聚了很多人的信仰这一社会背景。②

① 《敦煌佛教の研究》，第549页。《金刚经》的经文在《大正藏》第8册第749页中、第750页上等处有对应部分。

② 对此可参照高桥佳典：《玄宗朝における〈金刚经〉信仰と延命祈愿》，《东洋の思想と宗教》16，1999年。

金刚藏菩萨撰的《金刚般若经注》就充分反映了这种社会状况。这种情形下《金刚经》被视为“心观释”的对象。而“金刚藏菩萨注”的作品还有众所周知的一部《观世音经赞》。如果考虑到《观音经》作为现世利益的经典承载了民众信仰这一点，那么《金刚经》作为“心观释”的对象，相比其思想更看重的就应该是迎合大众信仰而广为民众接受这一方面。“心观释”是投射了自己思想的行为，因此从根本上来说就不会被注释对象的思想所束缚。

三、荷泽宗与《般若经》

由上可见，初期禅宗逐渐增加了以《金刚经》为文献依据的比重，而荷泽神会的出现更加重了这种倾向。但在思考这个问题时，还是有必要将荷泽神会与其门下截然分开。

首先，荷泽神会在《南阳和上顿教解脱禅门直了性坛语》（以下简称为《坛语》）和《菩提达摩南宗定是非论》（以下简称为《定是非论》）等著作中称自家教义和实践为“般若波罗蜜”，并且将《金刚经》作为经证加以引用，而引文大多是不拘泥于“相”或是以“应无所住而生其心”来强调“知”的必要性的，或者以“一切诸佛及诸佛阿耨多罗三藐三菩提法皆从此经出”①等经文强调“般若”绝对意义的，但这些与以往的用法基本上还是没有太大差异的。

① 《大正藏》第8册，第749中。

只不过这里有一点要注意，北宗文献中“应无所住而生其心”是用在对“二乘”的批判上，而荷泽神会在《坛语》中却转化为对“北宗”的批判（画线部分相当于“北宗”的修行法），即：

> 看诸菩萨行甚深般若波罗蜜多。佛推诸菩萨病处如何。般若经云。菩萨摩诃萨应如是生清净心。不应住色生心。不应住声香味触法生心。应无所住而生其心。无所住者。今推知识无住心是。而生其心者。知心无住是。本体空寂。从空寂体上起知。善分别世间青黄赤白是慧。不随分别起是定。祇如凝心入定。堕无记空。出定已后。起心分别一切世间有为。唤此为慧。经中名为妄心。此则慧时则无定。定时则无慧。如是解者。皆不离烦恼。住心看净。起心外照。摄心内证。非解脱心。亦是法缚心。不中用。涅槃经云。佛告琉璃光菩萨。善男子。汝莫入甚深空定。何以故。令大众钝故。若入定。一切诸般若波罗蜜不知故。[①]

也就是说，神会至少在这点上虽然与“北宗”思想上无甚差别，却将“北宗”所用的论法转用在对“北宗”的批判上了。

而且还有一点，至少在神会这里还未出现一味偏重《金刚经》的倾向。在《般若经》的依用方面，特别是对《胜天王般若经》和《小品般若经》，神会也会在极为重要的地方加以利用。比如对《胜天王般若经》就在《坛语》中用作批判“北宗”的经证，即：

---

① 杨曾文：《神会和尚禅话录》，中华书局，1996年，第9–10页。

> 夫求法者。不着佛求。不着法求。不着众求。何以故。为众生心中各有佛性故。知识。起心外求者。即名邪求。胜天王般若经言。大王。即是如实。世尊。云何如实。大王。即不变异。世尊。云何不变异。大王。所谓如如。世尊。云何如如。大王。此可智知。非言能说。离相无相。远离思量。过觉观境。是为菩萨了达甚深法界。即同佛知见。知识。自身中有佛性。未能了了见。何以故。喻如此处各各思量家中住宅衣服卧具及一切等物具知有。更不生疑。此名为知。不名为见。若行到宅中。见如上所说之物。即名为见。不名为知。今所觉者。具依他说。知身中有佛性。未能了了见。但不作意。心无有起。是真无念。毕竟"见"不离知。知不离见。一切众生。本来无相。今言相者。并是妄心。心若无相。即是佛心。若作心不起。是识定。亦名法见心自性定。马鸣云。若有众生观无念者。则为佛智。故今所说般若波罗蜜。从生灭门顿入真如门。更无前照后照远看近看。都无此心。乃至七地以前菩萨。都总蓦过。唯指佛心。即心是佛。①

这里说心中有"佛性"不假外求。又引《胜天王般若经》经文说"如实""如如"是以"智"来"知"而非靠"言"来说明。又说这就是"了达""法界"，是"佛知见"。然后对"知见"一词分说

① 《神会和尚禅话录》第11–12页。《胜天王般若经》的引用在《大正藏》第8册第694页上有对应部分，但后半部分有相当大的差异，属于自由取意。

“知”和“见”之不同，最后再说“知”“见”并非其他。更引《大乘起信论》[①]说心转为“无相”“无念”，然后只要得“般若波罗蜜”，当下就可由“生灭门”入“真如门”而得“佛心”“佛智”，故而不需要“前照后照远看近看”那种“北宗”的“看心”修行。

另一方面，在《定是非论》中神会又对《小品般若经》有如下议论：

> 云何无念。所谓不念有无。不念善恶。不念有边际无边际。不念有限量无限量。不念菩提。不以菩提为念。不念涅槃。不以涅槃为念。是为无念。是无念者。即是般若波罗蜜。般若波罗蜜者。即是一行三昧。诸知识。若在学地者。心若有念起。即便觉照。起心即灭。觉照自亡。即是无念。是无念者。即无一境界。如有一境界者。即与无念不相应。故诸知识。如实见者。了达甚深法界。即是一行三昧。是故小品般若经云。善男子。是为般若波罗蜜。所谓于诸法无所念。我等住于无念法中。得如是金色身三十二相大光明。不可思议智慧。诸佛无上三昧。无上智慧。尽诸功德边。是诸功德。诸佛说之犹不能尽。何况声闻辟支佛能知。是无念者。六根无染。见无念者。得向佛知见。见无念者。名为实相。见无念者。中道第一义谛。见无念者。恒沙功德一时等备。见无念者。能生一切法。

① 引用的《大乘起信论》文字，在《大正藏》第32册第576页中有对应部分。但将经文的“向佛智”故意改成了“佛智”。

见无念者。能摄一切法。[①]

这里应注意，东山法门以来“一行三昧”的经证是放在《文殊说般若经》上的，而这里却换成了《小品般若经》。其理由倒也显而易见，即神会虽然承认“一行三昧”这一语词的意义，但如果其内容是东山法门以来的“以念佛获得清净心”，那么就等于认同“北宗”的“看心”“看净”。因此，通过将“一行三昧”与《小品般若经》的“无上三昧”做同一视处理，就可以将其内容置换为“般若波罗蜜”即“无念”，从而取得自家主张的统一性[②]。

这样，荷泽神会就以原来的《般若经》观为基础，同时又将自己新主张的根据放在《胜天王般若经》和《小品般若经》等《般若经》上面。虽然说神会使《般若经》的重要性空前增强，但这也是其思想中将“般若波罗蜜”绝对等同于“无念”带来的必然结果。

神会时代，各种《般若经》还是因为其思想内容而受到尊奉。到了弟子们的时代，经典的思想如何先放下不说，变成只是一味将《金刚经》绝对化，成了几近“金刚经信仰”的局面。《定是非论》中的增补部分就是此种情形的最好反映，也就是说《定是非论》在

---

① 《神会和尚禅话录》第39页,《小品般若经》的引用在《大正藏》第8册第581页下有对应部分。

② 敦煌本《六祖坛经》中,“一行三昧”是与《维摩经》的“直心是道场”(《大正藏》第14册，第542页下)、“直心是菩萨净土”(第538页中)等经文相关联的(杨曾文《敦煌新本六祖坛经》，上海古籍出版社，1993年，第15页)，此处应为此后的一种展开。

语境上有两处是属于后加的地方[①]，即：

和上言。告诸知识。若欲得了达甚深法界。直入一行三昧者。先须诵持金刚般若波罗蜜经。何以故。诵持金刚般若波罗蜜者。当知是人不从小功德来。譬如帝王生得太子。若同俗例者。无有是处。何以故。为从最尊最贵处来。诵持金刚般若波罗蜜经亦复如是。是故金刚般若波罗蜜经云。不于一佛二佛三四五佛而种善根。已于无量千万佛所种诸善根。得闻如是言说章句。一念生信。如来悉知悉见。何况全得书写受持读诵为人演说。[②]

愿我尽未来劫常舍身命供养金刚般若波罗蜜。愿我堪为般若波罗蜜主。常为一切众生说金刚般若波罗蜜。愿一切众生闻说金刚般若波罗蜜。获无所得。[③]

这两处要么劝人诵持《金刚经》，要么满篇都是表示（增补部分的作者）要一直持"金刚般若波罗蜜"的决心[④]。

---

① 《神会和尚禅话录》第34页第15行至第38页第16行以及第40页第4–13行。对此问题最早研究的是竹内弘道的《〈南宗定是非论〉の成立について》(《印度学佛教学研究》29–2，1981年)，但在哪部分为后世添加的问题上与笔者有不同见解。

② 《神会和尚禅话录》35页。《金刚经》的引用在《大正藏》第8册第749页中有对应部分。

③ 《神会和尚禅话录》，第40页。

④ 此增补部分也引用了和神会所引相同的《胜天王般若经》的文章，这个先不说，要注意的是，从此经典中还引用了赞颂信受"般若波罗蜜"功德的经文和说障碍"此修多罗"（即《胜天王般若经》）罪过之大的经文，而且这种引用中将《胜天王般若经》的"般若波罗蜜"擅自改动为"金刚般若波罗蜜"，将"此修多罗"改为"金刚般若波罗蜜经"了。

这里特别要注意的是，“一行三昧”的经证神会已经改换为《小品般若经》了，而第一段引文中却无视内容上没有任何关联性又将经证改为《金刚经》。这一点至少反映了神会门下“《金刚经》就是绝对的”这样一种思想情绪。

另一则表现神会门下“崇奉《金刚经》”的例子就是《师资血脉传》中的后世改换。关于《师资血脉传》，《定是非论》的序文中有提及，现行的石井本《南阳和尚问答杂征义》末尾附录的达摩到慧能的传记即是与其对应的部分。现存的《师资血脉传》中说从达摩到弘忍的五代祖师皆以《金刚经》付法，如下文所示：

> 于时忍禅师年七岁奉事。经余三十年。依金刚经说如来知见。言下便证最上乘法。悟寂灭。忍默受语。以为法契。便传袈裟。以为法信。如雪山童子得全如意珠。（道信传）[①]

> 于时能禅师奉事经八个月。师依金刚经说如来知见。言下便证若此心有住。则为非住。密授默语。以为法契。便传袈裟。以为法信。犹如释迦牟尼授弥勒记。（弘忍传）[②]

这就造成一种禅宗代代皆奉《金刚经》为绝对神圣经典的写法。然而，根据早期的《师资血脉传》撰述的《历代法宝记》，各位祖师的传记就没有与此对应的文字。因此上文中关于以《金刚经》付法

① 《神会和尚禅话录》，第 107 页。
② 同上，第 108 页。

的描述，就是神会门下增补的结果[①]。

虽然为了强调“般若波罗蜜”的重要性，神会也会引《金刚经》经文，但神会门下却视《金刚经》为绝对化的圣典，这已是一种全新的《金刚经》观。而且问题就在于这正是《般若经》要戒除的“着相”，且明显背离了禅宗传统和神会所说。为何能产生如此奇怪的主张，不能不说这是一个重要的问题，但是想来也和神会对禅思想的改变有关系。也就是说，神会在批判“北宗”的过程中，如在《定是非论》等论著中所言，即：

> 远法师问禅师。嵩岳普寂禅师。东岳降魔藏禅师。此二大德皆教人坐禅。凝心入定。住心看净。起心外照。摄心内证。指此以为教门。禅师今日何故说禅不教人坐。不教人凝心入定。住心看净。起心外照。摄心内证。何名坐禅。和上答。若教人坐。凝心入定。住心看净。起心外照。摄心内证者。此障菩提。今言坐者。念不起为坐。今言禅者。见本性为禅。所以不教人坐身住心入定。若指彼教门为是者。维摩诘不应诃舍利弗宴坐。[②]

将东山法门以来的“看心”“看净”加以否定，更从根本上连

---

① 最早指出这点的是竹内弘道。可参照竹内的《荷泽神会考——〈金刚经〉の依用をめぐって》(《宗学研究》24，1982 年）一文。在《金刚经》的传授问题上，恐怕受到在神会强调《楞伽经》传统的净觉《楞伽师资记》一书流布的影响。此外，敦煌本《六祖坛经》的末尾附有传持者系谱，由此可知有将《六祖坛经》的价值绝对化并传授下去的思想。这一点应看作《金刚经》传授的更进一步的发展。

② 《神会和尚禅话录》，第 30–31 页。

"坐禅"修行的意义也否定了，从而将"般若波罗蜜"绝对化为"无念"，这点在对"一行三昧"的理解上已如上文所示。神会这样的主张，按"理念"或是按"思想"还都是可以理解也可以评价的，但在门下弟子看来，可能就意味着推翻了东山法门以来效果已得到验证的修行法，意味着要获得"觉悟"变得很困难，意味着教团的向心力随之减弱。但即便如此，因为要维持门下一派，就要将神会强调的"般若波罗蜜"作为自家教义的根据加以崇拜，然后就渐渐转化为对主张"般若波罗蜜"的代表性经典《金刚经》的信仰崇拜。

这样的"崇奉《金刚经》"在思想上是有很大问题的，但在神会门下却逐渐一般化。在此过程中，还创作出卖薪者慧能听到顾客读诵《金刚经》而入五祖弘忍门下的《六祖坛经》的故事。更有甚者，《六祖坛经》中还说原本是文盲的慧能撰写了《金刚经解义》[①]。尔后慧能"第六祖"的地位得到确立，在以南岳怀让（677–744）和青原行思（？ –740）为二大弟子后，神会门下这种说法也逐渐被继承下来，故而《金刚经》为禅宗思想的代表性经典这一观念成为一般性认知，甚至直接导致近代胡适所认为的神会以《金刚经》替代了一直以来的《楞伽经》的地位，使人惊叹其影响力之深重。

---

① 参照拙稿《〈金刚经解义〉の成立をめぐって》,《印度学佛教学研究》45–1，1996年。

小　结

如上所见，我们考察了初期禅宗利用《般若经》的大致情形。最应当注意的是，东山法门以来《般若经》频繁被作为具体获得“觉悟”的修行法的依据，但是到了荷泽神会时期，却在批判北宗的过程中将禅观修行视为“渐悟”而加以否定，代之以可称为“金刚经信仰”局面的出现。此后，禅思想在马祖道一门下发生了更大的转换，连经文的依用本身也从根本上被彻底否定，所以上文中涉及的诸多问题原本应该被渐渐淡忘，只不过因为只有神会门下的“金刚经信仰”与六祖慧能的传记捆绑在一起才得以流传到现在。

（张宇红　译）

初章与三论宗思想的奠基

西藏民族大学教授　喻长海

对吉藏而言，“初章”有三重意思或用法：第一重是通常的意思，指第一章，或第一部分，例如“初章明所说……；次章……”[①]第二重是从第一重含义引申而来的，为初学、入门的意思，所谓“初章者，学者章门之初，故云初章”[②]。譬如读书的先学字母，就是第一课的意思。[③]因此，“学三论者必须前得此语。”[④]在第三重中，他赋予了“初章”以特定的意涵：首先，他把对一切法的分析都归结为“初章”对“有”“无”的分析，如他说：“有无作既然，一切法亦例此作，故知初章通一切法也。”[⑤]继而，他以“初章”中的“有”“无”及其关系阐释了印度中观学的核心概念，“因缘”“空”“假名”与“中道”之间的关系[⑥]，并以此构成三论宗学说乃至一切佛教教法的基石。

① 吉藏：《法华义疏》卷8，《大正藏》第34册，第564页上。
② 吉藏：《二谛义》卷1，《大正藏》第45册，第89页中。
③ 释印顺：《中观今论》，北京：中华书局，2010年，第32页。
④ 吉藏：《二谛义》卷1，《大正藏》第45册，第89页中。
⑤ 同上，第89页。
⑥ 参见本文第二部分的分析。

“初章”作为三论宗学说的基础就成为三论宗与他人的区别之所在。多数学者都注意到了这一点，如纪华传认为三论宗把因缘二谛视为“初章”，并以此与自性“空”“有”二谛相区别。[①]刘峰也认为三论宗的“初章”是用来鉴别其真俗“空”“有”与他家之不同的，即“论证和区别自性义还是缘起义的一种方法”[②]。其实，他们所说的这两种二谛就是吉藏的“理内”和“理外”二谛。[③]对此，董群指出：“吉藏将此理内之教和理外之教的区分和初章相联系”，从而“区分两种不同的二谛观：一种观点主张自性有无，一种观点否认自性有无。”[④]廖明活亦称：“吉藏在二谛义中诠释初章义，分别出理外、理内两种二谛”，认为由此“三论之章门亦显矣”。[⑤]李勇则概言之，“理内”“理外”二谛就是“初章”。[⑥]

可以看出，吉藏在“初章”中通过批评“理外”以彰显“理

---

① 参见《中国佛教与禅宗》：“真谛说空，俗谛说有，所以又称为空有二谛。这种因缘二谛又称之为‘初章’，用以区别三论宗与其他宗派的二谛义，也就是说三论宗讲的二谛的空有是因缘空有，讲有不是自性的有，而是因为空而有，同样讲空不是自性的空，而是因为缘起有而空，所以二谛的空有都是相对的假名。”（纪华传：《中国佛教与禅宗》，北京：宗教文化出版社，2008年，第189页）

② 刘峰：《刘峰著作全集》（上卷），北京：社会科学文献出版社，2013年，第32页。

③ 见《二谛义》卷1：“初章前节即理外义；后节即理内义。”（吉藏：《二谛义》卷1，《大正藏》第45册，第89页中）以及“初章通一切法也，此即开理内外二谛是教非教也”。（同上，第89页中－下）

④ 董群：《中国三论宗通史》，南京：凤凰出版社，2008年，第260页。

⑤ 廖明活：《嘉祥吉藏学说》，台北：台湾学生书局，1985年，第131页。

⑥ 李勇著：《三论宗佛学思想研究》，北京：宗教文化出版社，2007年，第76页。

内”；批评“自性”，以彰显“因缘性”。[①]不过，他在“初章”中提倡的不仅有“因缘性”，还有“中道”，如印顺所说：

> 古三论师的初章、中假义，是明显地划出二种认识的不同；因认识的不同，所以论理的方式与结论也不能相同。主张有自相的学者，虽也明因果，说缘起，而因他们不能如实地明见缘起与依据缘起法则，故结果不免于反缘起而流于断常二边。所以要如实地体达中道，对于这种反缘起、反中道的认识与论理法，必先加以破斥，才能引生如实的中道。[②]

“反缘起”是指违反了“缘起”相依相待而有的真理，而成为实有了。[③]他强调只有通过破斥“这种反缘起、反中道的认识与论理法”，才能引生“中道”。因而，“初章”在于破除外人的错误，而由“中假义”申明自己的观点：

> 要学中观，第一步必须明解初章，即破斥外人的立义；然后进一步修学中观家的正义——“中假”。[④]

这一判断也与慧均的主张相近，如他说：

> （1）故一家云：“初章”亦是开路义，如大王欲游行，则前开路，必令清净，然后大王方得出游。今明，义亦然，

---

① 吉藏：《二谛义》卷1：“有方便学自性成因缘，无方便学因缘成自性；有方便学初章前节成后节，无方便学后节成前节。”《大正藏》第45册，第89页下。

② 释印顺：《中观今论》，北京：中华书局，2010年，第33–34页。

③ 同上，第32页。

④ 同上。

前破除壅塞，然后始得申摩诃衍正义也。

（2）“初章”之意，渐由得开中假，得开“中假”，则释一切经教也。[①]

他认为“初章”只是先导，其作用仅在于扫除思想障碍，而由“中假”阐释一切经教的核心思想。不过，由于“初章”中有“破”有“立”，“中观家的正义”未尝不能由“初章”自己来表达。实际上，“破”与“立”在“初章”内已经形成了一个完整的结构，不必非得借助“中假”来完成“立”，“中假”只是吉藏从另一个角度对“初章”的表达而已。[②]

总之，上述学者都提及“理内”和“理外”的区分构成了“初章”，可是，他们却较少注意到“初章”对于三论宗的思想具有奠基的意义，并对之进行深入的分析。伊藤隆寿、平井俊荣等人则较早地意识到这一点，但前者主要是依据慧均的《大乘四论玄义记》展开研究，将“初章”与“中假”并提，且偏重于对“中假义”的分析。[③]后者则主要立足于吉藏自身的著作进行研究，认为“初章”既

---

① 慧均著，崔鈆植校勘：《大乘四论玄义记》卷一。

② 见《中观论疏》卷2：“问：初章与中假何异？答：若总詺此一章，为初学之章门皆是初章；一切法不离中假，故皆是中假。”（吉藏：《中观论疏》卷2，《大正藏》第42册，第28页上）当然，印顺在这里的意思也许只是从“中假”是“初章”的正义这个角度而言的，或者说印顺是在“初章”之内谈“中假义”的。而不是将“初章”与“中假”做了区分。

③ 伊藤隆寿：《三论教学における初章中反义》（上）《驹泽大学佛教学部研究纪要》（32），1974年3月；《三论教学における初章中反义》（中），《驹泽大学佛教学部研究纪要》（33），1975年3月；《三论教学における初章中反义》（下），《驹泽大学佛教学部研究纪要》（34），1976年3月。

是三论宗的基本立场，也是贯穿三论宗整体教义的根本主题，并将“初章”概括为“相即”的“有”“无”说。[①]只是他忽视了“初章”中相即关系的一个基本条件，即“有”“无”之间的相待关系。其中，“相待”是指有无之间“由有而无”“由无而有”的相对关系，“相即”则是指“有即无”和“无即有”的关系。对吉藏而言，“相待”也具有“因缘性”“(无自性)空”和“假名”的意涵，而“相即”又可以由非一非异的中道所规定。因此，“相待”而“相即”的关系就概括了“初章”对于“因缘性”“(无自性)空”“假名”而“中道”关系的讨论。

一、吉藏初章思想的渊源

吉藏关于“初章”的思想既有典籍方面的依据，也有其师承传统，还可能受过其他一些佛教学者思想的影响，如僧肇、昙影等。[②]前者在《不真空论》中就指出“有”“无”都是因缘性的，因而也是无自性的，他说：

> 夫有若真有，有自常有，岂待缘而后有哉？譬彼真无，无自常无，岂待缘而后无也？若有不自有，待缘而后有者，

---

① 平井俊荣：《吉藏〈二谛章〉の思想と构造》，《驹泽大学佛教学部研究纪要》(27)，1969年，第59页。

② 平井俊荣就认为吉藏的“初章”思想可以追溯至僧肇的《不真空论》和昙影的《中论序》等。平井俊荣：《吉藏〈二谛章〉の思想と构造》，《驹泽大学佛教学部研究纪要》(27)，1969年，第60页–63页。

故知有非真有。[①]

这与吉藏“初章”中的主张非常相近。当然，他说“有”和“无”都是“待缘而后有”，不像吉藏说“有”是依于“无”而为“有”，“无”是依于“有”而为“无”。[②]简而言之，僧肇指出了“有”“无”的因缘性，却未明言它们之间的关系也是因缘性的。当然，这并不妨碍他从它们的因缘性推出：“有”是“不自有”，即无自性“有”，所谓“不真有”；“无”是“不自无”，即无自性“无”，所谓“不真无”。这与吉藏“初章”之“有不自有”“无不自无”的说法相近。[③]此外，值得注意的是，惠达是用“相待”来解释“有不自有”“无不自无”的，如他说：“有不自有，由无故有；无不自无，因有故无。有无相待，二不相会。”[④]其中，“有不自有，由无故有；无不自无，因有故无”一句与吉藏“初章”中“今由无故有，有不自有；由有故无，无不自无”[⑤]的表达几无二致。当然，这是否为僧肇的本意还很难断定。

其次，经过分析发现，僧肇也主张“有”“无”真俗二谛是“相即”的关系。如他说：“即物顺通，故物莫之逆；即伪即真，故性莫之易。性莫之易，故虽无而有；物莫之逆，故虽有而无。”[⑥]“即物顺

① 僧肇著，张春波校释：《肇论校释》，北京：中华书局，2010年，第54页。
② 吉藏：《中观论疏》卷2，《大正藏》第42册，第28页。
③ 同上。
④ 惠达：《肇论疏》卷1，《续正藏》第54页，第60页上。
⑤ 吉藏：《中观论疏》卷2，《大正藏》第42册，第28页。
⑥ 僧肇著，张春波校释：《肇论校释》，北京：中华书局，2010年，第47页。

通，故物莫之逆；即伪即真，故性莫之易”无非是说真俗“有”“无”二谛是相即的关系。“虽有而无”和“虽无而有”又可以分别表示为“有无”和“无有”，又由于“有”即“不无”，“无”即“不有”，那么它们又可以表示为“不无无”和“不有有”，与吉藏“初章”所言“不有有”“不无无”一致，这也是他对“有”“无”相即关系的表达。[①]又如僧肇说：

> 故《放光》云：第一真谛，无成无得；世俗谛故，便有成有得。夫有得即是无得之伪号，无得即是有得之真名。[②]

“有得”即“无得”，还是说“第一真谛”即“世俗谛”；同样，“无得”即“有得”，也是说“世俗谛”即“第一真谛”。

最后，他还隐约提到真谛与俗谛是非一非异的关系，他说：“是以言真未尝有，言伪未尝无，二言未始一，二理未始殊。”[③]真谛是“无”，故“未尝有”；俗谛（伪）是“有”，故“未尝无”。“二言”指二谛之二名，“二言未始一”是说二谛不一；“二理”指二谛之“有”“无”，“二理未始殊”是说“有”“无”不异。若合在一起说，就是真俗有无二谛不一不异，与吉藏“初章”中“有”“无”之间“不一不异”的关系性质相类。而且，惠达认为僧肇在这里是要超越二谛以达到“中道”，所谓“遣真俗明不二”[④]。就像僧肇自己曾

---

① 具体的推理过程见本论文的第三部分。
② 僧肇著，张春波校释：《肇论校释》，北京：中华书局，2010年，第49页。
③ 同上。
④ 惠达：《肇论疏》卷1，《续正藏》第54册，第60页上。

说："真谛以明非有，俗谛以明非无。"[1]以及"虽有而无，所谓非有；虽无而有，所谓非无"[2]。二者合在一处即是非有非无中道，与吉藏"初章"之"有""无"以中道为目的是同一旨趣。

再如昙影在其《中论》序中说：

> 以真谛故无有，俗谛故无无。真故无有，则虽无而有；俗故无无，则虽有而无。虽有而无，则不累于有；虽无而有，则不滞于无。不滞于无，则断灭见息；不存于有，则常等冰消。寂此诸边，故名曰中。[3]

他的讨论与吉藏的"初章"也十分接近：首先，"真谛故无有，俗谛故无无"对"有"和"无"的否定，是说"有""无"皆无自性。与此相应，吉藏的"初章"则说"无有可有，无无可无"[4]，表达了相同的想法。其次，"虽有而无"与"虽无而有"是要从"有"认识到"无"，并从"无"认识到"有"，其实质是说"有"即"无"以及"无"即"有"。因此，"虽有而无"与"虽无而有"就是对"有""无"相即关系的刻画。它们在"初章"中则被表达为"不有有"和"不无无"。[5]因为"不有有"即"无有"，就是"虽无而有"；"不无无"即"有无"，就是"虽有而无"。最后，昙影所说"不累于

---

① 僧肇著，张春波校释：《肇论校释》，北京：中华书局，2010年，第49页。

② 同上，第47页。

③ 僧祐，苏晋仁、萧鍊子点校：《出三藏记集》，北京：中华书局，1995年，第402页。

④ 吉藏：《二谛义》卷1，《大正藏》第45册，第89页中。

⑤ 吉藏：《中观论疏》卷2："今有不自有名'不有有'，无不自无名'不无无'。"（《大正藏》第42册，第28页上）

有”和“不滞于无”是从认识的角度对“非有”和“非无”的表达。这说明昙影也是将“有”“无”相即的关系又理解为“中道”，与“初章”也是相近的。

此外，吉藏在其《净名玄论》中阐述昙影的上述观点时，援引了《般若经》及《大智度论》等，从中可以看出他关于“初章”的思想还受到了这些经典的影响。如他说：

> 真故无有，虽无而有，即是不动真际而建立诸法；俗故无无，虽有而无，即是不坏假名而说实相。以不坏假名而说实相，虽曰假名，宛然实相；不动真际建立诸法，虽曰真际，宛然诸法。以真际宛然诸法，故不滞于无；诸法宛然实相，则不累于有；不累于有故不常，不滞于无故非断，即中道也。[①]

他认为昙影所谓“真故无有，虽无而有”就是“不动真际建立诸法”。这一句的出处，如文才说，“即同《放光》不动等觉建立诸法。”[②]实际上，其原文为：“不动于等觉法为诸法立处。”[③]同时，“俗故无无，虽有而无”则是“不坏假名而说实相”，它出自《摩诃般若波罗蜜经》：“不坏假名而说诸法相。”[④]《大智度论》亦有差不多相同

① 吉藏：《净名玄论》卷5，《大正藏》第38册，第883页。
② 文才：《肇论新疏》卷1，《大正藏》第45册，第212页中。
③ 《放光般若经》卷20，《大正藏》第8册，第140页下。
④ 《摩诃般若波罗蜜经》卷8，第8册，第277页中。

的语句。[①]

“虽曰假名，宛然实相”犹如吉藏说“以有资空，有宛然而空”[②]，从“有”认识到“空”也是从“假名”认识到“实相”；“虽曰真际，宛然诸法”则如“以空导有，空宛然而有”[③]，从“空”认识到“有”也是从“真际”认识到“诸法”。因而，他说“不坏假名而说实相，故即有而常空；不动真际建立诸法，即空而常有”[④]，可见，其“有”“无”相即的思想显然受到了上述经典中关于“真际”即“诸法”和“假名”即“实相”说法的影响。[⑤]

此外，吉藏“初章”的思想还可能受到了涅槃师们的影响，如古坂竜宏认为法朗关于“初章”的思想是受到涅槃学派宝亮思想的影响而建立的，并为其门下吉藏、慧均等所继承。[⑥]以下是宝亮的相关说法：

> （1）世谛虽复森罗，于颠倒者常有也，于无惑者常空，未尝有也。若以佛而取，恒是一谛。然至佛之时，乃知众

① 龙树：《大智度论》卷55：“不坏假名而说诸法实相。”《大正藏》第25册，第452页上。

② 吉藏：《法华玄论》卷8，《大正藏》第34册，第431页上。

③ 同上。

④ 吉藏：《法华义疏》卷7，《大正藏》第34册，第556页下。

⑤ 参见吉藏：《法华义疏》卷7，《大正藏》第34册，第556页下。这也是平井俊荣指出“不动真际建立诸法，不坏假名而说实相”正是吉藏约教二谛说的根本旨趣，也是三论教义“眼目”的原因之所在。平井俊荣：《吉藏〈二谛章〉の思想と构造》，《驹泽大学佛教学部研究纪要》（27），1969年，第60–63页。

⑥ 古坂竜宏：《江南涅槃学派に於ける二谛义研究》，《印度学佛教学研究》19（2），1971年，第151页。

生是梦，于如来终日不有也。无有可有[1]，无无可无，寂然无相，故于佛尽是第一义也。[2]

（2）世谛以虚妄故有，即体不异空也。若无有而可异于空者，岂有空之可异于有耶？故有无而即一体，便二谛之名立也。若有有可无，便是世谛之中有第一义也。无既无所无，亦无无可异有也。若有无可异有，便是第一义中有世谛也。两既不相有，故知无有可有，无无可无。若有有可有，有无可无，此便相有。得知诸法从本已来，空无毫末之相，但于病者为有，于解者常无。[3]

（3）善巧者，能说不有之有，不无之无，以立二名，而用导物也。[4]

首先，（1）中“无有可有，无无可无”一句与吉藏在“初章”中的表述完全一致。[5]尤其，宝亮还认为：“明有假有之有，无实有可得也；无是因缘之无，亦无无可得也。”[6]他与吉藏一样否定了“有”“无”之“自性”，肯定了“假有”和“因缘性”。其次，（2）中“若无有而可异于空者，岂有空之可异于有耶？”是说“有”不异于“空”，“空”不异于“有”，因而“有无而即一体”，表明“有”

① 原文为“有无可有”，疑为讹，对照后文，应为“无有可有”。

② 道生、僧亮等：《大般涅槃经集解》卷39，《大正藏》第37册，第505页上。

③ 道生、僧亮等：《大般涅槃经集解》卷32，《大正藏》第37册，第487页上。

④ 同上，第487页中。

⑤ 吉藏：《中观论疏》卷2：“无有可有，由无故有；无无可无，由有故无。”《大正藏》第42册，第28页上。

⑥ 道生、僧亮等：《大般涅槃经集解》卷32，《大正藏》第37册，第487页下。

和“空”（“无”）是不异的关系，这是吉藏规定“相即”不一不异关系中的“不异”。宝亮虽然没有明确提出“有”与“空”（“无”）之“不一”，但是，当他说“以立二名，而用导物”的时候，也等于是在说“有”“无”不一。最后，（3）中所说“不有之有”和“不无之无”，与吉藏“初章”的第四节之“不有有”和“不无无”的说法则大致相同。①

可以看出宝亮的一些看法与吉藏的“初章”有很多不谋而合之处。只是宝亮尚未明确认识到“相即”之不一不异的关系属性。而同是涅槃师的僧宗对该问题倒是与吉藏有类似的主张，如他说：

> 若真中有俗，则俗来同真；若俗中有真，则真来同俗。若以真同俗，则唯一世谛；以俗同真，则唯一真谛，不应有二谛之说也。若俗不容真，真不容俗者，是则天然楚越也。若真中必无俗者，而如来说色即空，此则虚妄说也。②

若真谛与俗谛彼此相有，要么只有一俗谛，要么只有一真谛，则二谛不能成立，因此俗谛与真谛不一。同时，若俗谛与真谛不相容，二者“则天然楚越”，并与《般若经》“色”即“空”之说相违，说明俗谛与真谛不异。因此，可以说僧宗已经具有了关于真俗二谛不一不异的认识。不过，他依然没有明确用它来说明“相即”。

---

① 吉藏：《中观论疏》卷2：“今有不自有，名不有有；无不自无，名不无无。”《大正藏》第42册，第28页上。

② 道生、僧亮等：《大般涅槃经集解》卷32，《大正藏》第37册，第487页上。

二、“初章”的思想结构

虽然吉藏的“初章”思想有其渊源，但从它的内容和结构上看都具有明显的创建性，如它由关于“有”“无”的四节语构成：

（1）他有有可有，即有无可无。
今无有可有，即无无可无。

（2）他有有可有，不由无故有；
有无可无，不由有故无。
今无有可有，由无故有；
无无可无，由有故无。

（3）他不由无故有，有是自有；
不由有故无，无是自无。
今由无故有，有不自有；
由有故无，无不自无。

（4）他有是自有，名有故有；
无是自无，名无故无。
今有不自有，名不有有；
无不自无，名不无无。①

首先需要澄清的是，这里的“无”与“空”在内涵上并没有什

① 吉藏：《中观论疏》卷2，《大正藏》第42册，第28页。

么区别。[①]鸠摩罗什在翻译《中论》时就曾用“无”译“空”。[②]又如《大智度论》中说：“是诸相从因缘和合生，无自性故无。”[③]其中，“无自性故无”同于无自性空的说法。当然，二者混用的情况在吉藏的著作中更加普遍。尤为关键的是，他之所以提出“初章”本是为了回答其与成实师对于“空”“有”二谛的看法有何不同的问题。[④]

也就是说，初章是对“有”“无”二谛的讨论，共分为四节，每一节都包括两句：前句是先介绍他方的观点，后句再提出自方的观点。伊藤隆寿依据《大乘四论玄义记》指出，“他方”“自方”分别指成实师等和三论宗。[⑤]他方主张“理外有无”，自方主张“理内有无”。[⑥]这一结构也正好符合于吉藏“破邪显正”的原则：即通过批驳他方的错误观点以显示自方的正确主张。正如在第一节中，吉藏

① 对于“有”“无”与“空”“有”，吉藏有时候在使用上会有一些区别，如池田宗让认为当吉藏谈到“于谛”时用“空”“有”二谛，谈到“教谛”时则用“有”“无”二谛。[池田宗让：《吉藏の“非有非空中道”について》,《印度学佛教学研究》28（2），1980年3月，第158页] 虽然通常提到于谛时吉藏会用空有二谛，但是当他谈到迷教于谛时，也用有无二谛。如他说：“迷教于谛是末者，众生禀如来有无二谛教，作有无解成于故，此于谛在后也。”（吉藏：《二谛义》卷1,《大正藏》第45册，第79页中）

② 龙树：《中论》卷4：“众因缘生法，我说即是无”,《大正藏》第30册，第33页中。

③ 龙树：《大智度论》卷18,《大正藏》第25册，第194页下。

④ 吉藏：《中观论疏》卷2,《大正藏》第42册，第27页下。

⑤ 伊藤隆寿：《三论教学における初章中仮义》（上）《驹泽大学佛教学部研究纪要》（32），1974年3月，第267页。

⑥ 吉藏：《二谛义》卷1：“理外二谛即闻有住有不表不有，闻无住无不表不无，有无不能表里，不名为教，此即理外无理无教；理内二谛（即）因缘有无，因缘有不有，因缘无不无，有无表非有无故，有无名教门。此即理内有教有理也。”《大正藏》第45册，第89页中。

先给出了他方的观点，他们认为“有有可有，有无可无”。而依照慧均的看法，这就是有所得“有”“无”，如他说：

> 遍破地、摄两论宗，成、毗二家义，故所以如此者，彼家不识初章三义，落有所得。故今明：有不可有等。①

“落有所得”即有“有”可得，有“无”可得，是在认识上执着于“有”“无”。换言之，“他们认为某一事理的存在，是有它的独立存在性。”②相反，吉藏指出“有”或“无”并非独立的实体，因此，他要人在认识上不能执着于它们，因为本就“无有可有，即无无可无”。

在第二节中，吉藏紧接着第一节的立场展开说明，指出他方所言“有有可有，有无可无”，换句话说就是“不由无故有，不由有故无”，“有”既不因为“无”而成为“有”，“无”亦不因“有”而成为“无”，那么“有”与“无”之间就没有相互依赖的关系，而是独立自在的。相反，他认为，“有”“无”彼此并不能离开对方得以成立，只有依赖于对方才能成为自身。如他说：“无有可有，由空故有；无空可空，由有故空。”③其中，“由空故有”的根据或来自《中论》：“以有空义故，一切法得成。”④而“由有故空”则基于“众因缘生法，我说即是无”的说法。⑤如果没有众因缘生法之“有”，也就无“空”

① 慧均著，崔鉛植校勘：《大乘四论玄义记》卷一。
② 释印顺：《中观今论》，北京：中华书局，2010年，第32页。
③ 吉藏：《中观论疏》卷2，《大正藏》第42册，第22页下。
④ 龙树：《中论》卷4，《大正藏》第30册，第33页上。
⑤ 同上，第33页中。

可言，所谓："本由有故有空，既无有，何得有空？"[①] 据此，"空"与"有"，即"有"与"无"之间应是彼此相因、相依而有的因缘关系。

若"有""无"二者不具有这种因缘关系，它们则各有其自性。如同吉藏说："以不达因缘有无二谛故，成性有无二病。"[②]因而，在第三节中他继续指出对方的错误在于："不由无故有，有是自有；不由有故无，无是自无。""有"若不因于"无"而成为"有"，"有"就是"自性有"；同时，"无"若不因于"有"而成为"无"，"无"就是"自性无"。相反，他认为由于"有""无"是彼此相依存在的，即"由无故有""由有故无"，因此"有""无"皆无自性可言，所谓"有不自有，无不自无"。

在第四节中，吉藏将他方的"自（性）有"称之为"有故有"，将"自（性）无"称为"无故无"。"有故有"是说"有"因于自身而成为"有"；同样，"无故无"则说"无"因于自身而成为"无"。与之相反，他认为"有"不能因自身而为"有"，"有"是无自性的，他称之为"不有有"；同样，"无"也不能因自身而为"无"，"无"亦无自性，他称之为"不无无"。如他说："不有有，无有所有；不无无，无无所无。"[③] 这里的"无有所有""无无所无"的意思就是说"有"无自性，"无"亦无自性。

① 吉藏:《二谛义》卷 1,《大正藏》第 45 册，第 91 页下。
② 吉藏:《十二门论疏》卷 1,《大正藏》第 42 册，第 172 页中。
③ 吉藏:《二谛义》卷 3,《大正藏》第 45 册，第 109 页上。

同时，他认为“初章”第四节还是“中假义”，如他说：“不有有则非有，不无无即非无，非有非无假说有无，此是中假义也。”[①]既然“有”是不有之“有”，就是“非有”；同样，“无”是不无之“无”则是“非无”，二者合在一起就是“非有非无”，称为“中道”。他认为“非有非无”在否定了“有”“无”的实在性的同时，并不妨碍二者作为“假名”的存在，所谓“假有不有有，假无不无无”[②]。这也说明了“假有”“假无”具有表达“有”“无”不二中道之用。因此，他将“初章”又称为“中假”，如其说：“若总名此一章，为初学之章门皆是初章；一切法不离中假，故皆是中假。”[③]其中，“二谛是假名，不二为中道，则是实相，故名实法。”[④]对吉藏而言，作为假名的二谛所表达的“中道”不仅是一种正确认识“有”“无”及其关系的方式，还是实相本身。[⑤]

三、“初章”与“相待”而“相即”

经过分析，吉藏在“初章”中首先表明“有”“无”皆无自性，

① 吉藏：《中观论疏》卷2，《大正藏》第42册，第28页上。
② 吉藏：《二谛义》卷3，《大正藏》第45册，第109页上。
③ 吉藏：《中观论疏》卷2，《大正藏》第42册，第28页上。
④ 吉藏：《净名玄论》卷5，《大正藏》第38册，第889页上。
⑤ 平井俊荣认为“初章”的目的是为执着于“有见”的众生说第一义谛，为执着于“无见”的众生说世谛，由此使他们远离“断”“常”二见，悟入一道清净之不二“中道”。平井俊荣：《吉藏〈二谛章〉の思想と构造》，《驹泽大学佛教学部研究纪要》(27)，1969年3月，第59页。

并指出其原因之所在，即二者之间的因缘关系；其次推出“有”“无”皆是“假名”；最后以“非有非无”之“中道”作为总结。这一理路类同于《中论》所说：“众因缘生法，我说即是无（空），亦为是假名，亦是中道义。”[①]只是对于该偈由“因缘”而“(无自性）空”、而“假名”、而“中道”的思路，吉藏将之不仅理解为“因缘”即是“空”，“因缘”即是“假名”，“因缘”即是“中道”[②]，而且理解为因缘“有”“无”而“中道”、无自性“有”“无”而“中道”以及假名“有”“无”而“中道”的关系：

其一，因缘“有”“无”本来是从“众因缘生法”中得出的，如吉藏说：“因缘所生法，此明若空、若有皆是因缘。”[③]他还认为：“因缘有无未曾有无，故虽是有无而不有不无，如此有无能开不二（中道），即是教义。”[④]由于因缘“有”“无”并非真实的“有”“无”，那么，它们虽是“有”“无”却是“非有”“非无”，也就是非有非无中道。所以，因缘“有”“无”只是为了说明不二“中道”的教说而已，亦如他说：“约因缘空有以明二谛不二。”[⑤]这就是因缘“有”“无”而中道的关系。

---

① 龙树：《中论》卷 4，《大正藏》第 30 册，第 33 页中。

② 吉藏：《中观论疏》卷 1：“略明因缘凡有三义：一者因缘是空义，以因缘所生法即是寂灭性，故知因缘即是空义；二者因缘是假义，既无自性故不得言有，空亦复空故不得言空，为化众生故以假名说，故因缘是假义；三者因缘是中道义。”《大正藏》第 42 册，第 7 页上。

③ 吉藏：《十二门论疏》卷 1，《大正藏》第 42 册，第 183 页下 –184 页上。

④ 吉藏：《净名玄论》卷 6，《大正藏》第 38 册，第 894 页下 –895 页上。

⑤ 吉藏：《仁王般若经疏》卷 2，《大正藏》第 33 册，第 339 页中。

其二,《中论》说因缘法即是“假名”。[①] 同样，吉藏认为因缘“有”“无”也是假名，并凭借此二者才有了对“中道”的表达，如他说：“因缘有无方是假名，假名故有中道。”[②] 之所以说假名“有”“无”故有“中道”是因为他认为：“因缘假名有无，则有不住有，有表不有；无不住无故，无表不无。如此有无能表不二正道。”[③] 既然“有”“无”皆是“假名”，它们就都不是真实的，所以应该认识到“有”之“不有”,“无”之“不无”，即“不有不无”之“不二正道”，所谓“中道”。[④] 这就是假名“有”“无”而中道的关系。

其三，如果“有”“无”是因缘的关系，那么它们二者就是无自性的，如他说：

> 因空故有，因有故空。空由有成，有由空成。故此空有并名世谛也，是即无自性明。由空故有，有无自性，是即非有；由有故空，空无自性，是则非空，非空非有名为真谛，令从空有二悟入非空有不二。[⑤]

“因空故有，因有故空”是“空”“有”之间因缘关系的表现，正是这一关系导致了“空”“有”皆无自性。若“空”无自性，则是

① 龙树：《中论》卷 4,《大正藏》第 30 册，第 33 页中。

② 吉藏：《中观论疏》卷 10,《大正藏》第 42 册，第 149 页中。

③ 吉藏：《净名玄论》卷 6,《大正藏》第 38 册，第 893 页下。

④ 对吉藏而言，此处“正道”即“中道”。如他说：“空不自空，名为假空。空宛然而有，有不自有，名为假有。亦是中道义者，说空有假名为表中道，明假有不住有故有非有，假空不住空故空非空，非空非有即是中道。”（吉藏：《中观论疏》卷 10,《大正藏》第 42 册，第 152 页中）

⑤ 吉藏：《十二门论疏》卷 1,《大正藏》第 42 册，第 183 页下 –184 页上。

“非空”；“有”无自性是“非有”，从而以非空非有表达了“中道”。这也是无自性“有”“无”而中道的关系。

同时，以上因缘“有”“无”而“中道”、无自性“有”“无”而“中道”和假名“有”“无”而“中道”，又可以归结为“相待”而“相即”的关系。因为，对于吉藏而言，“因缘”“（无自性）空”“假名”又都可以囊括在“相待”这一概念之中，而“中道”则可以为“相即”所代表：

其一，因缘“有”“无”即相待“有”“无”，是因为相待的“有”“无”之间互相依赖、相对而有的关系与因缘关系具有共通性，如他说：“空有是因缘，有非空则不有，空非有即不空。”[①]若无“空”则无以立“有”，无“有”则无以立“空”。这就说明“空”“有”是相依而存的关系，也就是相待的关系。当然，最直接的证据是吉藏将“相待”等同于“因缘”，如他说“无非因缘，无非相待”[②]，即若是相待的，则是因缘的。

其二，“（无自性）空”即“相待”，是因为“相待”与“因缘”义同，而“因缘”与“自性”是非此即彼的关系，因而，“相待”与“自性”也应是非此即彼的关系。如他说：“待是因缘义，不待是自性义，一切义不出斯二。”[③]对于“有”“无”同样如此：若“有”“无”是有自性的，“有”与“无”则无相待的关系；反之亦然。如他说：

① 吉藏：《净名玄论》卷 3，《大正藏》第 38 册，第 871 页下。
② 吉藏：《二谛义》卷 2，《大正藏》第 45 册，第 102 页上。
③ 吉藏：《中观论疏》卷 8，《大正藏》第 42 册，第 131 上－中。

“二谛空有（若）无相待义便是（自）性矣。”①因此，“有”“无”若无自性，则是相待的。

其三，“假名”即“相待”，是因为如上所述，相待“有”“无”即是因缘“有”“无”，因缘“有”“无”又是假名“有”“无”②，所以，“相待”“有”“无”则是假名“有”“无”。而且，他还认为若无“有”“无”之“假名”，则无二者之间相待的关系，如他说：“二法相待，则有名生。”③可知，若无“（假）名”，则无相待。进而，他指出：“一切名言皆是相待。”④

其四，“相即”可以代表“中道”，是因为在初章中“相即”与“中道”一样是从第四节“不有有”和“不无无”中推出的。而且，“相即”关系的属性本就是由“中道”所规定的，如吉藏说：“尽净从来一、异等见即是二谛相即也。”⑤其二谛相即正是“有”“无”相即。“尽净从来一、异等见”就是指“非一非异”之“中道”。而在第四节中，“不有有”即“无有”，“不无无”即“有无”；“无有”表明“有”非是异于“无”之“有”，“有无”则表明“无”非是异于“有”之“无”，这说明“有”与“无”不异。同时，“无有”还是“有”，“有无”还是“无”，“有”“无”又不一。如此，“有”与“无”就是非一非异的关系。又如他对空有二谛的分析：

---

① 吉藏：《净名玄论》卷6，《大正藏》第38册，第892页中。
② 参见《中观论疏》卷1，《大正藏》第42册，第7页上。
③ 吉藏：《维摩经义疏》卷4，《大正藏》第38册，第958页下。
④ 吉藏：《十二门论疏》卷1，《大正藏》第42册，第180页下。
⑤ 吉藏：《二谛义》卷3，《大正藏》第45册，第106页。

以空有为世谛，世谛即是无差别差别，故名一异；以有空为真谛，真谛是差别无差别，故名异一。异一即非一，一异即非异。①

“有”是千差万别的，“空”却意味着无差别。“空有”就是无差别而差别，所谓“一异”；“有空”则是有差别而无差别，所谓“异一”。由于“异一即非一”，且“一异即非异”，“有空”则是非一，“空有”则是非异。如此，“空”“有”就是非一非异的关系，换言之，“有”“无”是非一非异的中道关系，也是相即的关系。

综上所述，“有”“无”之“因缘”“空”“假名”，而“中道”可以约化为“相待”而“相即”的关系。而且，“相待”是“相即”的基础，因为没有“有”“无”之相待的关系，二者的相即关系也就无从谈起。首先，二者若不相待，二谛则不能成立，诸佛说法亦无所依据，如他说：

（1）二谛若不待，则无二谛，无二谛佛无所依，故是二谛相待也。②

（2）由二谛相待故有二谛；若不相待则无二谛，唯有一谛。何以故？若不相待，则无可简别，混成一谛，要由相待显别，所以得有二谛。③

其次，“有”“无”之间的相即关系最终是从第四节中得出的结论，

① 吉藏：《中观论疏》卷 2，《大正藏》第 42 册，第 26 页下。
② 吉藏：《二谛义》卷 2，《大正藏》第 45 册，第 102 页中。
③ 同上。

而“初章”的全部四节都可以看作是对它的推论过程，这一过程则表现为相待关系的逐渐展开。这也说明“有”“无”之相待的关系是其相即关系的基础。最后，虽然“相待”是二谛成为“二”的前提条件，但是为了防止割裂二谛，孤立地认识“有”或“无”，他又认为“有”“无”之间还是相即的关系，在认识“有”的同时也要认识到“无”；同样，认识“无”的同时也要认识到“有”。

结　语

如果说“初章”不仅是三论宗入门的初阶，还是探其堂奥之要津，那么，二谛则是其要津之要津，因为初章正是由二谛构成的。其中，“有”“无”作为真俗二谛的内容，却是具有玄学品质，或者说中国化特征的两个概念。因而，在他用二者完整地阐释印度中观学基本立场的同时，也展现了具有中国佛教特点的思想范式，即“有”“无”相待而相即的关系：“相待”作为相对而有的关系，使“有”“无”得以成立，而由非一非异所规定的“相即”则是正确认识“有”“无”的关键。虽然“相待”和“相即”并非出于他自己的创造，但他却以“有”“无”之“因缘性”“空”和“假名”等来理解“相待”，并用“有”“无”之“非一非异”来说明“相即”，使“相待”而“相即”概括了“初章”“有”“无”之间的关系属性，从而得以代表其对《中论》主要思想所做的总结，体现出吉藏乃至中国佛教对印度中观思想的理解和发展。

《般若经》的意图

东洋大学教授　渡边章悟

大乘佛教，也是菩萨运动。其承担者包含了从一直被称为声闻的出家修行者，乃至以出家人为中心的在家团体的广泛人群。他们被称为菩提萨埵（求觉悟之人），即菩萨。

这些菩萨们批判之前传统出家者的修行生活，把他们的实践蔑称为不趋向究竟觉悟的劣等信仰（hīnādhimukti），或说低劣、狭小的载具（hīnayāna 小乘）；而把不管自己的觉悟、广泛救度一切众生的利他行的立场比喻为向觉悟的究竟目标前进的载具，并称之为大乘。

最早使用“大乘”一词的是在1世纪中叶成立的《般若经》[①]。根据《般若经》的说法，从前的传统佛教以阿罗汉果位——“证得断烦恼的修行者最高阶位”为目的。这判定了传统佛教的修行目标是信解低劣（者）之道（小乘），主张自身立场的优越性。

大乘佛教徒并不能满足于之前作为修行次第的预流、一来、不

① 准确地说，是“摩诃衍三跋致”，《道行般若经》，《大正藏》第8册，第427页下1–2，第429页中6–7等。

还、阿罗汉（四向四果）的声闻、缘觉的境界，认为依靠与之相连的“小乘”教法，并不能获得彻底的觉悟。他们主张只有依大乘教法才能获得一切智者性（sarvajñatā），到达完全的涅槃，并将为得到一切智所需的智慧与从来的智慧相区别，称之为“完满的智慧”（prajñāpāramitā，般若波罗蜜）。“空”的思想不过是表现了作为般若波罗蜜所见对象的世界。《般若经》以达到此觉悟的智慧为问题，正是对与此智慧相关的修行道的再编才是贯穿本经的主题。本文以般若波罗蜜的智慧这一概念为中心，尝试解明大乘佛教中《般若经》的定位。

一、一切智与般若波罗蜜

与其他古代印度宗教一样，佛教也总是在种种场合力图论证其创始人佛陀是一切智者。若佛陀的觉悟是智，那么无论谁得到这种觉悟之智，都能够成为佛。如此一来，带来如此觉悟的绝对智是否存在？这种智是什么样的形态？如何才能够获得这样的智？这些都成了问题。也就是说，获得这种智成了佛陀追随者的理想。关于这一点，《般若经》也不例外。

一切智者，即拥有一切智之人，这种智慧在初期的《般若经》中被表达为“一切智者的本质、一切智者性”（sarvajñatā，一切智）等。其汉译因译者或经论的不同而不同。如从鸠摩罗什的含义（《小品般若》）来看，多数是音译为“萨婆若”“萨云若”，或意译为“一切智”。与此对应的小品般若系的诸本，即梵文本《八千颂般若经》、藏译本以及其他汉译诸本，以 prajñāpāramitā（般若波罗蜜）这一新的智慧概念为问题，将之与佛陀的智慧（即一切智）关联、解说，认为它是佛陀智的展开。[①]

在这种意义上，可以说《般若经》是一部讲说只有依般若波罗蜜才能够获得一切智者性的经典。众所周知，在之前的经典中，就已经说了作为成佛根源的觉悟智是一切智性。然而，到了初期的《般若经》，一切智性与般若波罗蜜被恒常地联系在一起，可以说对这一智慧的重视正是《般若经》的独特性所在。在此意义上，《般若经》中智慧的结构拥有的一贯的内容是对智解释的深化。

那么《般若经》经题中的“般若波罗蜜（多）”，是指怎样的智慧呢？原本，般若（prajñā）说的是佛教一贯强调的作为最高德行的智慧，它带有直观的、综合性的特征，与对象化、进行分析的知识（vijñāna）截然不同。从早期佛教以来，这智慧就被视为导向觉悟的智慧，是如实知见事物实际状态的智慧。大乘佛教在其中增加了“完成”[pāramitā 波罗蜜（多）]一词，使之与其他的宗教智慧区分开来。

这种智慧的内容是空，亦即完全的无执着，是离开一切束缚的认识论的或存在论的概念，意味着对实体性思考的彻底否定。《般若经》包含了以往佛教视为真实的思考，以种种表现表达对其的否定。

---

① 这个问题，在渡边 2012 文、2014 文中有详细论述。

正是洞察此真实的智慧才是觉悟的母胎，因此被称为佛母。

这种成就诸佛、诸菩萨的智慧，原本被称为一切智。《般若经》着眼于这种智慧，并使之升华为全新的完全的智慧即被称为“般若波罗蜜”的大乘的智慧。换言之，般若波罗蜜才是一切智慧之源，等同于被视为一切智的佛的智慧。

另外，初期般若经中所说一切智性，在二三百年之后的般若经典中，逐渐与三乘思想紧密结合起来，分化出三智的说法。此智的展开也是《般若经》所特有的思想，对后续的大乘经论产生了很大的影响。下面，笔者将以大品系般若经为中心对此进行考察。

二、从一切智到三智

（一）三智的定义

梵本《二万五千颂般若》第 5 章中，有以三智为主题的段落，相当于汉译本中的《大品般若经·三慧品》第七十品（大正藏 8，第 375 页中至下）。其中关于三智的定义如下：

> 须菩提说：“那么，世尊啊，如来如何解说一切相智性呢？［如何］解说道相智性？［如何］解说一切智性？世尊啊，此三一切智有何区别呢？”
>
> 世尊答：“须菩提啊，如来、阿罗汉、正等觉者有一切相智性。须菩提啊，菩萨摩诃萨有道智性。须菩提啊，一

切声闻独觉有一切智性。”

subhūtir āha: kathaṃ punar bhagavan sarvākārajñatā tathāgatena nirdiṣṭā, mārgākārajñatāpi tathāgatena nirdiṣṭā, sarvajñatāpi tathāgatena nirdiṣṭā? āsāṃ bhagavaṃs tisṛṇāṃ sarvajñatānāṃ kiṃ nānākaraṇam?

bhagavān āha: sarvākārajñatā subhūte tathāgatasyārhataḥ samyaksaṃbuddhasya, mārgajñatā subhūte bodhisattvānāṃ mahāsattvānāṃ, sarvajñatā subhūte sarvaśrāvakapratyekabuddhānām.（Kimura［1992：124–125，ll.18–24］）

接下来，世尊依次对三智做出定义，总结如下：

1. 一切相智

限于形相（ākāra）、相状（liṅga）、特征（nimitta），诸法为形相、相状、特征所言说，此形相、相状、特征为如来所觉知。所以，一切相智被称为如来、阿罗汉、正等觉者之智。

2. 道智

一切［实践］道（sarva-mārga）不由菩萨摩诃萨所生起。应知一切［实践］道如下。第一，应该圆满达成声闻道、缘觉道、通向菩提之道（bodhi-mārga）。他们应该成办道中道之所作。他们（菩萨摩诃萨）不应穷极真实的极限。为何菩萨摩诃萨不穷极真实的极限？那是由于还未实现本愿，未教化有情，未净化佛国土，这样的菩萨摩诃萨不应穷极真实的极限。所以，被称为菩萨摩诃萨的道智。

3. 一切智

凡是存在的内外一切为声闻、独觉所了知（jñatā）而非由一切道（mārga）（知）或一切形相（ākāra）（知）（所了知）。

如前所述，《二万五千颂般若》把三智与形相（ākāra）、道（mārga）、知（jñatā）的概念对应起来，并结合①如来、阿罗汉、正等觉者和②菩萨摩诃萨以及③声闻、缘觉进行说明。可见，三智被对应于三乘，以三乘思想为前提。在这里，重要的是，它提出了三种一切智与（通于）一切（存在的）道智的概念。

然而，汉译本在这一点上的说法有相当的差异。例如，《大品般若经·三慧品第七十》中，关于一切智、道种智、一切种智这三智的内容有如下说明：

1. 一切智

是声闻缘觉二乘之智，是了知十二处等一切法的智。

2. 道种智（道相智）

是菩萨之智，通晓一切道。菩萨凭此智通晓三乘道，度化众生。

3. 一切种智（一切相智）

是诸佛之智，其对象是一相，所谓一切法寂灭相。佛从此平等相的立场，如实了知诸法行类、相貌、名字。

（二）三种一切智

上文引用《二万五千颂般若》中须菩提的问题："这三种一切智有何差别？"暗示了三智其实原本都是一切智。但是，此处的《大品般若经》(大正 8，375 中）中，将一切智（萨婆若)、道种智、一切种智三种智区分开，只问“是三种智有何差别”，并没有出现统称三智的词汇。对比之下，玄奘译《大般若经·第二会》(大正七、三三七中）中讲到，“一切智智略有三种，谓一切智、道相智、一切相智”，另成立“一切智智”的概念来总括三智。然而，这里所说的一切智者之智（一切智智）是在三智成立之后出现的词，是为了与三智相区分所要求的概念。所以，可以认为，“一切智智”是显示三智确立后之佛智的用语，这是汉译的情况与此段所见的梵文《二万五千颂般若》不对应的缘由。

《八千颂般若》中并未出现成熟的三乘思想，也没有三智。而如上所说，在继承了《一万八千颂般若》智慧概念发展而来的《二万五千颂般若》之中，对三智的诠释不能说十分完备。特别体现于对“一切智”的规定中：

> 须菩提说：“那么，世尊啊，这些是一切相智性、道智性、一切智性。此三一切智性中，断烦恼的差别，即不完全的断与完全的断，是存在的吧。”
>
> subhūtir āha: yāḥ punar imā bhagavan sarvākārajñatā ca mārgajñatā ca sarvajñatā ca kaccid bhagavann āsāṃ tisṛṇāṃ sarvajñatānāṃ kleśaprahāṇasya nānātvam asti, asya sāvaśeṣaprahāṇam, asyānavaśeṣaprahāṇam?（Kimura［1992：126，ll.7–9］）

如引文中所言，“一切相智性、道智性、一切智性，是三种一切智性中”，可见，“一切智”有两种内涵，一是对三智的总称，二是指其分化后的三智中的第三智。因此，一切智有广略两种标准。此一切智的看法，传统佛教及初期般若经只讲作为佛智的一切智，而后期般若经则对一切智做了进一步的发挥。

（三）三智与三乘

三智是三种一切智，大品系般若经诸本中将三智明确区分开来。但是，“一切智”在狭义上，是菩萨之前的修行者（声闻）、独觉的智慧；在广义上被用来指包含三智在内的总括性的智慧。这反映了从《八千颂般若》到《两万五千颂般若》菩萨思想的进展，以及伴随着作为三乘思想被逐渐确立的状况，智慧思想也随之展开。

另外，我们还可看到，道智也有以声闻、缘觉、菩萨/佛这三乘的领域为对象的多义性。也就是说，一切道成了菩萨实践之道的对象。如上文《二万五千颂般若》所讲的一样，道智是“菩萨摩诃萨的道智”，然而，“一切（实践）道不由菩萨摩诃萨所生。应知一切（实践）道是声闻道、独觉道。以及，正是通向菩提之道（bodhi-mārga）是应成满之道。”正是从如此的教说，可以看出以菩萨思想为内核发展而来的三智的性格。

那么这种“知”是如何被思考的呢？在本经中，全部以般若波罗蜜为根源而展开是基本。般若波罗蜜被看作与作为佛智的一切智是密不可分的。

大乘的菩萨运动将菩萨置于旧有的修行体系之上，寻求对可以归于菩萨的新智慧的解释。这样就产生了三智的思想。然而这种智慧原本是指佛陀的一切智，所以一切智的意义被分为三智的总称（广义）和别称（狭义）两种。

而菩萨的道（种）智，既应该知道能达到佛智慧之一切相智的道，也有必要知道救度众生所需的声闻或独觉之道。所以，知三乘之道的智，就全部包含在菩萨的道智之中了。这与将声闻、缘觉、菩萨/佛三乘全都是菩萨，视为三乘菩萨的《般若经》的表现是同一道理。这正是我们说大乘佛教是菩萨运动的缘由。

此外，“道智”未曾出现在《八千颂般若》中，而出现在《一万八千颂般若》《二万五千颂般若》等增广般若经以及弥勒的《现观庄严论》与狮子贤（Haribhadra，8世纪左右）的注释书（《现观庄严光明》）等之中，所以可以说“道智”这一概念是随着般若经的增广发展而来[①]。这也成为了解般若思想史中菩萨道的展开所需的根据。

三、三乘思想的展开

三乘思想始于印度佛教，是对东亚产生过极大影响的思想。特别是因为《法华经》主张三乘是导向一乘的方便说、三乘最终归于一佛乘。此说深受中国天台宗、华严宗的重视，对其后大乘佛教思想产生

---

① 关于在《现观庄严论》中出现的“道智”（mārga-jñatā）一词的特征，见于田中2014年论文。

了巨大的影响。其实，这一思想在《般若经》中有更清晰的表现。

下文将尝试解明佛教史进程中三乘思想的成立与展开，以及定位《般若经》所说的三乘思想。

（一）三种菩提

原本，佛教的目的是获得觉悟，而佛陀对此觉悟体验的言说就是佛教的起点。觉悟又称为“阿耨多罗三藐三菩提”（无上正等觉、无上正等菩提）。而原始佛教与部派佛教中，在佛陀的觉悟之外，又提出以成为阿罗汉为目的的阿罗汉菩提，或声闻菩提。如此一来，阿罗汉菩提逐渐与佛陀的觉悟区别开来。在初期佛教中，弟子的觉悟与佛陀的觉悟被明确区分开来。因而，大乘佛教宣称作为凡夫的佛陀弟子们能够发菩提心（无上正等觉心）、成正觉，这体现出教理上相当的飞跃。

体现出其间觉悟内涵嬗变轨迹的概念，主要有有部所说的“三菩提说”。它展开为大乘佛教特有的三乘思想。

三菩提说，是指声闻菩提、独觉菩提、佛菩提。佛菩提指的正是佛的觉悟，即无上正等正觉。基于此声闻、独觉、佛的三菩提，做出“佛的觉悟就是菩萨的觉悟”这样解读的话，三菩提说正是强调菩萨的三乘说。

如此一来，三乘原本是指声闻乘、独觉乘和佛乘，而后来则有将佛乘替换为菩萨乘的思想变迁过程。我会在《般若经》的展开之中追踪此点。[①]。

（二）小品系汉译诸本中的菩萨乘

三乘说中最重要的是佛乘，或说菩萨乘。从最初小品系般若经诸本中“菩萨乘”的用例来看，在最早期的般若经《道行般若经》《大明度经》《摩诃般若钞经》的古译中并没有出现过这一词。但在408年鸠摩罗什译《小品般若经》中出现了两处（共三例），同样是小品系的577年后施护译《佛母般若经》（985年译）中有所增加，出现了十六处（共二十六例）。“佛乘”一词的使用可以说也体现出相同的趋势。可见，在初期般若经的系统中，菩萨乘这一概念并没有确立，而是在后代汉译译本中，“菩萨乘”这个词才逐渐被使用。

然而，即使在早期的汉译本中，也没有出现过菩萨乘与佛乘，或二乘与三乘的用法。然而在《道行般若经》中，已经把阿罗汉与辟支佛作为批判对象并称，言及相对于阿罗汉、辟支佛地的佛地，又提到菩萨不堕二地等。由《道行般若经》的内容可以确认，从《般若经》的初期阶段开始，其主要主题之一就是批判传统修行者，提出新的修行之道，即菩萨道。

（三）《八千颂般若》的菩萨乘

《八千颂般若》中言及“三乘”之处共有两例。其一是在第三章

① 对三智与三乘之联系的展开，见于渡边2012年、2013年论文。

《塔品》中，这也是“三乘”作为术语出现的唯一用例。

那时，四天王对世尊如下说道：“世尊啊，受持、记忆、唱诵、学习、宣扬此般若波罗蜜多之人，若善男子，若善女人，于三乘之中教导众生，而不生众生想。这是稀有的。”

atha khalu catvāro mahārājāno bhagavantam etad avocat / āścaryaṃ bhagavan yad imāṃ prajñāpāramitām udgṛhṇan dhārayan vācayan paryavāpnuvan pravartayan sa kula-putro vākula-duhitā vā yāna-traye sattvān vinayati na ca sattva-saṃjñām utpādayati // ［Wogihara（1973：190，l.15）］

从与此处对应的汉译本来看，七种版本的汉译本都没有出现“三乘”一词。恐怕这是因为在小品般若系统中，“三乘”的教义还没有确立。

另一个“三乘”的用例出现在《八千颂般若》的《真如品》第十六中，这里舍利子长老反问须菩提长老“在法性中，以不住于一切事物的方法而住”。

又，须菩提长老啊，实际上，（以）菩萨乘（修行）之人为如来所说。（而根据你的所说），没有对三乘的确立。因为如长老须菩提所说，唯有一乘，即佛乘，即菩萨乘。

ye ca khalu punar ime āyuṣman subhūte trayo bodhisattva-yānikāḥ pudgalās tathāgatenākhyātāḥ eṣāṃ trayāṇāṃ vyavasthānaṃ na bhavati / ekam eva hi yānaṃ bhavati yad uta buddha-yānaṃ bodhisattva-yānaṃ yathā āyuṣmataḥ subhūter nirdeśaḥ // [Wogihara (1973: 657, ll.15−19)]

由此可见,《八千颂般若》是把佛乘 / 菩萨乘视为“一乘”，而对于舍利子长老的诘问，须菩提长老做了如下回答：

那么，舍利弗长老啊，真如的真如，在此真如之中，你看到了作为声闻乘或独觉乘或大乘［修行者］的哪怕一位菩萨吗？

kiṃ punar āyuṣman śāriputra yā tathatāyās tathatā tatra tathatāyām ekam api bodhisattvaṃ samanupaśyasi śrāvaka-yānikaṃ vā pratyekabuddha-yānikaṃ vā mahā-yānikaṃ vā// [Wogihara (1973: 658, ll.19−22)]

如此，舍利弗长老啊，从真实，从永远性的立场来看，此菩萨虽然没有被认识到，为何你会有如下的想法呢？“他是声闻乘行者，他是独觉乘行者，他是大乘行者(mahāyānika)。”

evam āyuṣman śāriputra satyataḥ sthititas tasya bodhisattva-dharmasyānupalabhyamānasya kutas tavaivaṃ bhavati ayaṃ śrāvaka-yāniko 'yaṃ pratyekabuddhayāniko 'yaṃ mahāyānika iti // [Wogihara (1973: 659, ll.15−18)]

如上所述，首先它表明三乘是如来所说的三种菩萨乘，与作为佛乘的菩萨乘是同一的，同时也说出“三乘”是［依］声闻乘、独觉乘和大乘［修行之人］。由此文脉，我们也可以读出如下三个结论：

①如来所讲的三乘，都是菩萨乘；

②依据须菩提长老的说法，从真如的立场上看，三乘没有差别；

③三乘中皆是佛乘，是菩萨乘，三乘只是“一乘”。

关于这三点，后面还将详细展开。在这里我们可以确定的是，与上述引文相对应的汉译本部分，都将三乘译为“声闻、辟支佛、佛乘”。也就是说，《八千颂般若》中菩萨乘、大乘、佛乘三个概念是可以互换的，而在汉译本中却并非如此。“三乘”的第三乘时常被确定为“佛乘”，可以说这种说法是基于阿毗达摩以来的三菩提、三种性等传统佛教的说法。

（四）三种菩萨乘和一乘

从汉译《般若经》的诸版本中可以看出，在小品系的初期阶段，三乘思想还没有得到充分展开。所以我们在汉译本中既看不到包含菩萨乘的“三乘”，甚至也看不到明确的固定下来的“三乘”的说法。在上述梵文本《八千颂般若》中，三乘被表达为“依如来所说三种菩萨乘修行之人”。

这里“三乘”的用例是唯一的例外，而值得我们注意的是，经文中明确说明了“三乘即为菩萨道的三种类”。而与此处对应的《一万八千颂般若》《二万五千颂般若》也有反复强调“菩萨乘的三种类无差别”，由此《般若经》的主张是一以贯之的。也就是说，三乘说的是菩萨的三种修行形态，也就是前文所说的“一（佛）乘”之意。

而且，无论“小品”还是“大品”，三乘都是指“声闻乘、辟支佛、佛乘”，如来虽然这样说三种菩萨乘，但从真如的角度讲，菩萨的存在方式只有一种。《八千颂般若》将“一菩萨”视为“唯有一乘，即只有作为佛乘的菩萨乘存在”。

另一方面，《二万五千颂般若》中也称“此三种菩萨乘补特伽罗”，接着说“菩萨摩诃萨是一，即是［如长老须菩提所言的］菩萨乘”，明确写明三个菩萨乘分别是“声闻乘的菩萨、独觉乘的菩萨、菩萨乘的菩萨”，或者是“声闻乘的菩萨、独觉乘的菩萨、佛乘的菩萨”。我们也可以由此确认，共通于三乘全体的菩萨的存在。

（五）三乘思想的确立和展开

如上所述，《般若经》的三乘思想经历了一个发展过程，从《大毗婆沙论》等部派佛教的“声闻、缘觉、佛”等三种性、三菩提的说法开始，伴随着菩萨思想的发展，在《般若经》诸本中，作为菩萨修行道的三乘思想被逐渐确立起来。特别是在初期的小品系统中，三乘的教说还未被确立，但渐次可见到“三乘”的词语。但是，此时的“三乘”中的第三乘并非菩萨乘，而是指佛乘，渐渐地第三的佛乘被解读为菩萨乘。在大品体系中，“三乘”被总结为“声闻、缘觉、菩萨”。因而，大乘意识变得明确，最终说正是菩萨乘才是大乘。

与此同时，我们可以在新旧的汉译诸本中，随着时代变迁看出如下的变化：以《一万八千颂》中明确见到的“三种菩萨”思想为中介，佛乘变化为菩萨乘、大乘，乃至一乘。

三乘思想是在大品系中确立的，其中的菩萨乘被认为是超越了二乘的唯一乘（道），同时也共通于三乘全体。其中，赋予了菩萨两种意涵，一是指超越声闻、独觉二乘，践行最高实践的菩萨，赋予了菩萨相对于二乘的意涵；二是菩萨的原初用法，基于“追求觉悟者”之义，菩萨也成了大乘所推崇的唯一乘的实践者。

第二个意义上的菩萨，《大品般若》将其翻译为“求道者”，无论是声闻乘、独觉乘还是菩萨乘（佛乘），在求得证悟的实践意义上，都具有同等的价值。声闻乘的菩萨、独觉乘的菩萨、菩萨乘的菩萨从字面上看虽然难以理解，但在同为“求道者”的意义上，他们都可以称为菩萨。也可以说从真如的立场来看，他们是同一的。但即使没有提出毕竟空或真如这些概念，在三者都是追求菩提、践行佛道的意义上，他们也是平等的。这与《大毗婆沙论》等所说的三菩提说在逻辑上也是一致的。可以想象大品系在三菩提说的基础上，根据空性理论，对三乘思想做出了再解释。

在大品系中，明确了三乘和“菩萨的三种性”是“般若波罗蜜（多）秘密藏中所说”的说教。那么，将二谛说适用于三乘的话，（从真如的立场看）三乘是世俗谛。以此作为道理的根据，三乘都是毕竟空。只要这样的话，就可以看到一切在价值上都是等同的。

此外，三乘说被释为修道论的一环，即“从声闻、辟支佛地到菩萨位，得一切种智，在（第二）转法轮中，依三乘使众生获得解脱”。关于大品系的这种独特的思想展开，是应当在连续的菩萨思想发展史中把握的问题。

四、大乘经典的构成

（一）法灭和授记的形式[①]

法灭和授记是以《般若经》为中心的初期大乘佛教经典的支柱。这两种教义，可以说构成了大乘佛教的主干。其中，法灭思想“是佛陀认为所说正教本身也是‘无常’，正教传统也终灭尽”这样的悲观的佛教史观；授记是“当下的佛陀对修行者所作的‘于未来世必定成佛’的预言、保证。”

法灭和授记的发生和展开原本是分别论述的，而在初期大乘经典中，两者经常在同样的场合被提到，可以认为它们由某种特定的意图而被联系在一起。实际上，可以指出在众多大乘经典中，这两种思想与大乘佛教的成立密不可分，已经成了定型化的表现。进一步考虑到此成一体了的定型化表现，没有出现在大乘经典出现以前，可以猜想这种表现成为了大乘佛教经典成立的显著标志。笔者将在最早以定型化表现确立了此思想的般若经典中，实际地确认该思想。

> 世尊啊，在说此法门的时候，我了解它，信解它。这对我而言并非难事。但是，世尊啊，未来世，后时，以后的时代，正法灭尽的后五百年，有众生的存在。世尊啊，受持、记忆、唱诵、学习、为他人解释此法门之人，他们会是最稀有之人。(《金刚般若经》第 14- b 节）

---

① 笔者在2011年论文中论述了大乘经典的主干为“法灭和授记”两大支柱。

na mama bhagavan duṣkaraṃ yad aham imaṃ dharma-paryāyaṃ bhāṣyamāṇam avakalpayāmy adhimucye. ye 'pi te bhagavan sattvā bhaviṣyanty anāgate 'dhvani paścime kāle paścime samaye paścimāyāṃ pañca-śatyāṃ saddharma-vipralope vartamāne, ya imaṃ bhagavan dharma-paryāyam udgrahīṣyanti dhārayiṣyanti vācayiṣyanti paryavāpsyanti parebhyaś ca vistareṇa samprakāśayiṣyanti, te parama-āścaryeṇa samanvāgatā bhaviṣyanti.（Conze［1974：40，ll.1–8］）

这里说的法灭，也被称为正法灭尽（saddharma–vipralopa），顾名思义，指佛陀正确的教法断灭。这种说法从初期佛教到大乘经典虽一直被提及，但在初期经典中，它仅与佛教徒的信仰态度相关。因为按照初期经典的说法，如果构成教团的四众弟子懒惰懈怠，不敬开祖的佛、其教导的法、守护教法而修行的修行者（僧）这三宝的话，则正法灭而像法生；若怀恭敬之心而生活，则正法不灭。与此不同，在初期大乘经典中，如前面的《金刚般若经》一样，出现了忧虑佛教存续的表现：指佛陀入灭后（经过五百年），其教导（正确说教）消失。

然而，大乘法灭思想的真正含义，实际是其后所说的“纵使正法渐灭，行善积德的菩萨仍然住世”。这里所说的正法，即是指佛陀世尊的教诲。而在佛陀入灭后，其教法也逐渐衰退。但是，取而代之，出现了宣说新的正法（大乘佛教）并践行正法的菩萨。众菩萨以智慧广积善根，而智慧的源泉就是般若经典。这样，在般若经典中，法灭思想与大乘佛教的确立，以及般若经典的意义被紧密联系在一起的。

接下来的“授记”也是初期经典中就已经出现的概念，是指推崇三宝等的佛弟子们，能够自由决定自己的命运。大乘经典中也继承了这样的思想，然而与法灭一样，在般若经典中对三宝的推崇没有被如此程度的重视。在这里重要的不是弘扬由世尊传下来的法（小乘佛教），而是弘扬被重新解释了的正法（大乘佛教）。

般若经典认为，依据这些经典的智慧而广积善根的菩萨，之所以在今世能够听闻正法（般若经典），是因为他们在过去世积累了无数善根。这与燃灯佛授记前世的世尊一样，有着因过去的善因而得到未来果的构图。但是，般若经典关于“授记”的表述虽然与燃灯佛授记前世世尊在表述上有相似之处，但其中心却是“听闻新的正法（大乘佛教）”。

在这里，法灭思想中的“弘扬新正法”与授记说中“因过去善根而今生得闻正法”完全对应起来。“法灭”和“授记”的构造，不仅构成般若经典的主干，而且构成之后的大乘经典构造的主干，从这个意义上说，这两种思想对大乘佛教的确立具有极为重要的意义。

（二）转法轮的解释

关于大乘佛教兴起的另一个思想是所谓第二转法轮的思想。转法轮，顾名思义，即“转教（法）之轮”，即佛陀的说法。特别是佛陀在菩提伽耶成道之后，在鹿野苑初次说法，被称为“初转法轮”。而《般若经》将自身的教说，即大乘之教称为第二转法轮，以区别于初转法轮。关于这一点，《八千颂般若》与玄奘所译《大品般若波罗蜜多经》“第二会”云：

> 尔时，众神空中欢笑振衣，实于阎浮提，见二转法论。时世尊白须菩提长老：“须菩提，无二转法轮，法无始转，亦无转灭。须菩提，是为菩萨摩诃萨般若波罗蜜。”
>
> 尔时，须菩提白佛言：“……何以故？无始转法，何以故？世尊！一切诸法，无有生起，一切诸法，无有转灭。何以故？世尊！一切诸法，若离若脱，一切诸法，本来无生。”（《八千颂般若》Vaidya［1960：101］）
>
> 尔时无量百千天子，住虚空中欢喜踊跃。以天所有嗢钵罗华钵特摩华拘母陀华奔茶利华微妙香华及诸香末而散佛上。互相庆慰同声唱言。我等今者于赡部洲见佛第二转妙法轮。此中无量百千天子，闻说般若波罗蜜多，俱时证得无生法忍。
>
> 尔时佛告具寿善现言：“如是法轮非第一转非第二转，所以者何。善现，如是般若波罗蜜多，于一切法不为转故不为还故出现于世。何以故？以无性自性空故。”具寿善现白佛言：“世尊，以何等法无性自性空故如是般若波罗蜜

多，于一切法不为转故不为还故出现于世。”①

关于第二转法轮的记述，在所有的增广般若经中都可以看到。特别是在后来的瑜伽行派中备受瞩目，被当作是大乘佛教的转折点。特别是在4世纪左右成立的瑜伽行派根本经典《解深密经》，将瑜伽行派之教当作第三转法论，以与《般若经》所说的第二转法轮相区别，并赋予了其说是“佛陀深奥的教说”的意义。

玄奘所译《解深密经》“无自性相品第五”中对转法轮说有如下阐释：②

> 尔时胜义生菩萨复白佛言。世尊。初于一时在婆罗痆斯仙人堕处施鹿林中。*唯为发趣声闻乘者。以四谛相转正法轮。虽是甚奇甚为希有。一切世间诸天人等先无有能如法转者。而于彼时所转法轮。有上有容是未了义。是诸诤论安足处所。世尊。在昔第二时中*唯为发趣修大乘者。依一切法皆无自性无生无灭。本来寂静自性涅槃。以隐密相转正法轮。虽更甚奇甚为希有。而于彼时所转法轮。亦

① 《大般若波罗蜜多经》,《大正藏》第6册，第506页上15–27。对应于《小品般若经》中：“须菩提。般若波罗蜜。无有法若见若不见。无有法若取若舍是时若干百千诸天子踊跃欢喜。于虚空中同声唱言。我于阎浮提。再见法轮转。须菩提语诸天子。非初转非二转。何以故。般若波罗蜜法中无转无还。佛告须菩提。摩诃波罗蜜是菩萨般若波罗蜜。所谓于一切法无转无着。得阿耨多罗藐三菩提。亦无所得。转法轮时亦 无所转。无法可还无法可示无法可见。是法不可得故。何以故。须菩提。空不转不还。无相无作无起无生。无所有不转不还。如是说名为说般若波罗蜜。”《大正藏》第8册，第553页上14–24。

② 关于解深密经的三转法轮说，参照袴谷1994年论文以及吉村2013年论文，第237–239页。

是有上有所容受。犹未了义。是诸诤论安足处所。世尊。于今第三时中普为发趣一切乘者。依一切法皆无自性无生无灭。本来寂静自性涅槃无自性性。以显了相转正法轮。第一甚奇最为希有。于今世尊所转法轮。无上无容是真了义。非诸诤论安足处所。世尊。若善男子或善女人于此如来依一切法皆无自性无生无灭。本来寂静自性涅槃。所说甚深了义言教。[①]

如经文中所述，三时转法轮的对象，分别是“唯……声闻乘”“唯……大乘”“普……一切乘”。这里值得注意的是，第二时和第三时转法轮中所阐释的内容（画线部分）基本一致，不同的只是“无自性性”的有无和“隐秘相”“显了相”即说法方法上的差异。

关于“无自性性”，因为同样在《无自性相品》中有“我依三种无自性性说密意，一切诸法皆无自性”的说法，所以是指三无自性。

综上所述，可以读出，玄奘译《第二会》中第二时和第三时的关系是“虽然第二时中说一切法的无自性空，但此意义还是隐匿的。而在第三时中说的三无性说，其意义才变得明了”。那么，第一时和第二时的教法是未了义，还存有争论的余地，而第三时的教法是了义，没有任何争论的余地。

可见，《般若经》所说的第二转法轮有着“开启了新的大乘”的含义，为瑜伽行派所强调。瑜伽行派认为自己所主张的唯识教说才

① 《解深密经》,《大正藏》第16册，第697页上23–中11。

是第三转法轮，《般若经》所说的第二转法轮成了瑜伽行派主张其阶段性教说展开的根据。

结果，此主张在经由龙树的《中论》与慈氏的《现观庄严论》这两大《般若经》注释书后，形成了两个支流。如后世诸多论书所见，围绕《般若经》的解释，产生了如下的解释系统：《中论》说的是对显了义的解释，《现观庄严论》说的是对隐秘义的解明。在印度佛教和藏传佛教中，呈现出与此中了义未了义的解释相关联的教相判释。各种学派对了义和未了义进行了诸多辨析。[①]

综上所述，《般若经》大胆地称其自身的般若波罗蜜的教说为“第二转法轮”，宣扬大乘的教说。以此对转法论的再解释为契机，后世的佛教可以进一步将自身的思想解释反映到转法论之中，维护其主张。这也是《般若经》在佛教思想史中发挥的重要作用。

参考文献

1. 袴谷宪昭《唯识解释学——读〈解深密经〉》春秋社，1994 年。

2. 吉村诚《中国唯识思想史研究——玄奘与唯识学派》，大藏出版，2013 年。

3. 田中公明《“般若学”入门：藏传〈现观庄严论〉之教说》大法轮阁，2014 年。

---

① 关于此视点的论述，参照渡边同 2015 年论文。

4. 渡边章悟《大乘佛教经典中的"法灭"与"授记"——以〈般若经〉为中心》，春秋社，2011年，第73-108页。

5. 渡边《〈般若经〉的形成过程——以"智"的展开为中心》，日本佛教学会编，平乐寺书店，2012年，第29-62页。

6. 渡边章悟《〈般若经〉的形成与展开》，高崎直道监修，春秋社，2013年，第101-153页。

7. 渡边章悟编《东亚佛教的受容与变迁——以"智"的解释为视点》，东洋大学东洋学研究所，2014年。

8. 渡边章悟《序言：何为〈般若经〉？》[《序・般若経とは何か》，《般若经大全》(胜崎・小峰・渡边共编)，春秋社，2015年，第1-23页。]

9. Conze［1974］：Edward Conze，Vajracchedikā Prajñāpāramitā，Serie Orientale Roma 13，Roma：IsMEO.

10. Vaidya［1960］：P. L. Vaidya，*Aṣṭasāhasrikā Prajñāpāramitā*，the Mithila Institute：Darbhanga.

11. Wogihara［1973］：Unrai Wogihara，*Abhisamayālaṃkārālokā Prajñāpāramitāvyākhyā*，Toyo Bunko：Tokyo.

12. Kimura［1990］：Takayasu Kimura，*Pañcaviṃśatisāhasrikā Prajñāpāramitā*，Sankibo：Tokyo.

（王俊淇　张宇心　苏琦 译）

关于托忒文《八千颂般若经》版本谱系的考释

中央民族大学哲学与宗教学学院教授　乌达木

引　语

托忒文系 1648 年冬，由出身于卫拉特部落联盟和硕特部的高僧拉布占巴·咱雅班第达那木海扎木苏创制的文字。其特点是以蒙古文为基础，适合书写卫拉特方言，旨在做到表现蒙古文中区分不明显音的区别。托忒文主要在我国新疆、蒙古国西部、俄罗斯联邦卡尔梅克共和国等地区使用至今。据《咱雅班第达传》记载，从 1638 年至 1650 年间，咱雅班第达·那木海扎木苏在和硕特、土尔扈特、杜尔伯特、准噶尔、辉特等卫拉特诸部落中，将《八千颂般若经》，《金光明经》等经书翻译成了托忒文，数量多达 177 部。本文将对去年所得的托忒文《八千颂般若经》（以下简称“TD”）与该经书的其他版本进行比较，从而明确其成文与特点。

一、文献情况

（一）经名

蒙文：Xutuqtu biligiyin činadu kürüqsen naiman mingɣntu 圣八千颂般若经

藏文：'phags pa shes rab kyi pha rol tu phyin pa brgyad stong pa

梵文：Aṣṭasāhassrikā Prajñāpāramitā（与“圣 āry–a”相应的译语空缺。）

（二）所藏状况

写本：新疆伊犁哈萨克自治州昭苏县的图日蒙克所藏。

木刻版：①新疆伊犁哈萨克自治州昭苏县的胡盖所藏。②新疆伊犁哈萨克自治州昭苏县的那木吉勒所藏。③蒙古国科学院语言文学研究所。

（三）跋文

ašida dēdü xutuq kereqlen arɣa biligiyin nom bütēqči

aburida dēdü ɣurban erdeni-yi takiqci kiškib kigēd

anggidaxu ügei süzüq-tü čewang cecen tayizi terigüüten duraduqsan-du

toyin rab 'byam za ya paṇḍita nayiroulun orciulbai

译：本经用永远最胜福，由方便法之成就者

永久至上三宝之供养者克什克布与

敕旺车臣太子等人提议

由僧侣拉布占巴咱雅班第达那木海扎木苏翻译。

跋文中出现的人物，即克什克布与敕旺车臣太子是杜尔伯特部达赖·台什第四子鄂木布岱青和硕齐的长子和第三子。虽然翻译年代不确定，但可以断言，本经是在卫拉特部落联盟的杜尔伯特部翻译而成。

二、诸版本章题之间的异同

蒙古语译《八千颂般若经》大致可分为新旧两种。除了 TD 以外，本文还使用了三种蒙古文译本：①成文于明代的抄本《八千颂般若经》(以下简称“M2”)；② 113 卷蒙古文《甘珠尔》所收《八千颂般若经》(以下简称“M3”)；③成文于清代的 108 卷蒙古文《甘珠尔》所收《八千颂般若经》(以下简称“M1”)。不管是梵本、藏译，还是蒙译，《八千颂般若经》均由 32 章构成。以下将参考蒙藏梵章题对照表，以 TD 为中心，提出所有可见异同的七个例子。

（一）第一章 TD：bükü xamugi medeqči-yi edleküi，了知诸行相

新系统 M1：qamuγ ǰüil-i ayiladuγči -yin yabudal，了知诸行相

旧系统 M2：yabuγdaqu bülüg kemegdeküi subudi–yin angqan–u bülüg，行之章须菩提初品

M3：yabuqui neretü subudi-yin eng terigün ǰüil，行之章须菩提

初品

在第一章中，新系统为“了知诸行相”，此处梵本与藏译 T1 相同，而 M2 和 M3 则与旧系统的 T2 一致。关于此处所述第一章章题的异同，在《世尊母优婆提舍随顺解说》[①]（以下简称《随顺》）中提供佐证的信息。该书成文于 12 世纪的帕拉王朝时代，属印度佛教末期文献。该注释书对第一章章题作有如下叙述：

> subuti-yin bülüg kemekü inü erten-ü debter-nügüd-tür ügülegsen mön böged subuti-yi erkileǰü üǰügülügsen tula subuti-yi bülüg kememüi. mön egün-ü tula nomlaquy-a bolqui-yi subuti-yin bülüg-eče eritükei kemegsen bolai.yabudal-yin bülüg tere qamuγ-i ayiladuγči-yin yabudal-un bülüg kemen ǰarim nigen-e ügülegsen bolai. tegün-dür yabuγsan anu yabudal-i üiledügsen böged tegün-i todudqan üiledkü-yin bülüg-dü tegün-ü bölüg bölüge. angqan-u bülüg bolai.（74a31−b13）
>
> 须菩提之章系以前诸本中的读法，因所写内容主要为须菩提，故作为须菩提之章。故有人称，在须菩提之章中应当求取说法之处。将行之章作为“了知诸行相”属于异读。在该处，行是指修行，第一章开宗明义，明确这一点。

① bhagavatīāmnānusāriṇī-nāma-vyākhyāna. Tib. bcom ldan 'das ma'i man ngag gi rjes su 'brang ba zhes bya ba'i rnam par bshad pa. D(No.3811), N(No.3200), P(No.5209). Mong. ilaǰu tegüs nögčigsen eke-yin ubadis-un qoyin-a-ača daγaqu kemeküi-yi sayitur nomlaγsan.（No. 4268）.

按照以上《随顺》所述，“须菩提之章”这一章题为以前诸本中的读法，“了知诸行相”属于新读法。换言之，“以前诸本中的读法”即旧系统，“异读”即新系统。

（二）第三章 TD：činadu kürüqsen kigēd suburγan sayitur kündülün üyiledküi ülиši ügei erdem barixui，供养波罗蜜和塔便持无量功德

新系统 M1：baramid kiged suburγan kündülen üiledügsen-iyer ülisi ügei erdem-uu-i olγaγči，供养波罗蜜和塔便持无量功德

旧系统 M2：čaγlasi ügei erdem bariγsan kiged činadu kiǰaγar-a kürügsen kiged suburγan ǰirun üiledküi，持无量功德与供养波罗蜜和塔

M3：čaγlasi ügei erdem-uud-i eǰelen bariqui kiged baramid-ba suburγan-dur tabiγ üileddeküi，持无量功德与供养波罗蜜和塔

新系统：TD = M1，T1，Skt

旧系统：M2，M3 = T2

（三）第七章 TD：tamu，地狱

新系统 M1：tamu，地狱

旧系统 M2：amitan tamu，有情地狱

M3：amitan–u tamu，有情地狱

新系统：TD = M1，T1，SKT

旧系统：M2，M3 = T2

（四）第十章 TD：bariqsani erdem oγōto ögüülеküi，称扬保持功德

新系统 M1：toγtaγaγsan erdem–i sayitur ügülegsen，称扬保持

功德

旧系统 M2：bariqu erdem tusa，保持功德

M3：eǰelen bariγsan–u tusa，保持功德

TD 和 M1 对应赞扬（parikīrtana；yongs su brjod pa）的词语分别写作 sayitur ügülegsen、oγōto ögüülekü̈i。而在旧系统中，并未出现相应的译语。

新系统：TD ＝ M1，T1，Skt

旧系统：M2，M3 ＝ T2

（五）第十二章 TD：yertünčü sayitur üzüülüqsen，完全显示世间

新系统 M1：yirtinčü-yi unen maγad üǰügülügsen，完全显示世间

旧系统 M2：yirtinčü üǰügülügči，显示世间

M3：yirtinčü-yi üǰegülügsen，显示世间

对于梵语 saṃdarśana 的接头词 saṃ，藏译 yang dag par 对应的词汇，TD 和 M1 分别写作 unen maγad，sayitur。而在旧系统中，并未出现相应的译语。但是，在 Mvy（806；s804）中，旧系统中所见 üǰegülügsen 属于梵语 saṃdarśana，藏译 bstan pa 对应的译词。

新系统：TD ＝ M1，T1，Skt

旧系统：M2，M3 ＝ T2

（六）第二十五章 TD：surxui，学习

新系统 M1：surtal，学习

旧系统 M2：turgen–e，快

M3：üǰegülügsen，速学

在 Mvy（6821；s6853）中，旧系统 M2 的 turgen-e 在梵语中为 āśu，藏译中为 myur ba。TD 与 M1 的 surtal 和 surxui 分别与梵语 śikṣā，藏译 bslab pa（学习）相对应。旧系统 M3 写为 üdter surulčaqui（快速学习）。此处有别于其他蒙古语诸译。

综上所述，新系统与旧系统之间可见明确异同之处为第 1、3、7、10、12、25 章六处章题。尤其对于第一章章题，《随顺》举出了两种系统各自的章题并做了区别，这一点颇有深意。

三、《八千颂般若经》第十二章可见新旧异同

此处使用第十二章实例，通过 TD 与旧系统 M2 的比较进行探讨。

TD：subudi e tere metüyin tula tögünčilen boluqsan biligyin činadu kuruqsen sitüǰü tögünde činari iledte doulsan burqan bui. subudi e tere metüyin biligyin činadu kuruqsen tögünčilen boluqsan teyini dousan saitur dousuqsan burqan-nuγud-tu ene yirtinčü-yi üǰügülüqsen. subudi tere metü tögünčilen boluqsan yirtinčü-dür yirtinčü ünen maγad kemen üǰüülüqči. tere metü ene yirtinčün-i xamugi üǰüülüqsen bui. subuti e tere metü biligyin činadu kuruqsen tögünčilen boluqsan teyini dousan üneger sayitur dousuqsan burqan-nuγudyin eke kiged üyidüqči bui.（408b3−18）

如是须菩提！如来因般若波罗蜜得是如相。如是须菩

提！般若波罗蜜多向如来，阿罗汉，正等觉诸佛显示此世间。须菩提！此世间实已全部示现。如是须菩提！此般若波罗蜜是生如来，阿罗汉，正等觉诸佛之亲母。

M2：subuti tere metü tegünčilen iregsen-ü inü sayitur medekü-yin činadu kiǰaγar-a kürügsen egün-dür sitüǰü mön činar ilete tegüsgen burqan bolai. subudi tere metü sayitur medekü-yin činadu kiǰaγar-a kürügsen-ü inü tegünčilen iregsen dayin-i daruγsan üneger tuγuluγsan burqan-nuγud-un egüsgeküi bolai.（5a2−10）

如是须菩提！如来通达般若波罗蜜得真相。如是须菩提！般若波罗蜜生应供，正等觉诸佛。

通过以上可知，TD 中增添了带有下划线的部分。《随顺》中作有如下叙述：

ǰarim nigen debter yirtinčü-dür üǰügülügsen üiledügči kemen egün-ü qoyin-a subudtere metü tegünčilen iregsen yirtinčü-ber ünegen üǰügülün ǰokiyaγči kemekü mön bolai. egün-i ile onul-luγa barilduldu nemegsen bölüge. erten-ü debter-nuγud-dur ese γaruγsan bolai.（299b7−12）

异本在“显示世间”之后，写有“如是须菩提！如来在此世间以真世间而示”之句。此句是为了结合《现观庄严论》所加，在以前诸本中并不存在。

综上所述，TD 中可发现如下经文：“如是须菩提！般若波罗蜜向应供，正等觉诸佛显示此世间。如是须菩提！如来在此世间以真世间而示。”因此，M2 为《随顺》所指之处的以前诸本，TD 为了与“现观庄严论”相结合而增添了经文，是后代的文本。

四、结　论

蒙古语译《八千颂般若经》大致可分为新旧两种。托忒文《八千颂般若经》与成文于清代的 108 卷蒙古文《甘珠尔》所收的《八千颂般若经》相同，都是属于新系统的经书。而旧系统为成文于明代的抄本《八千颂般若经》与 113 卷蒙古文《甘珠尔》所收的《八千颂般若经》。

即便在旧系统中，明代的抄本《八千颂般若经》和 113 卷蒙古文《甘珠尔》所收的《八千颂般若经》均为现存蒙古语诸译中最为古老的文本。并且，我们可以认为，其与结合了“现观庄严论”而被改编的新系统之间存在区别，保留了古代的形式。

【略号】

C：Cone No. 1001，D：Derge No. 12，Fa：Phug brag No. 838，Fb：Phug brag No. 839，Fc：Phug brag No. 840，H：Lhasa No. 11，K：Toyo Bunko No. 334，L：London No. 647，N：Narthang No. 13，P：Peking No. 734，Mvy：《翻译名义大集》

参考文献

1. 石濱裕美子・福田洋一《新订翻訳名义大集》，东洋文库，1989。

2. 冈田英弘《蒙古源流》，刀水书房，2004年。

3. オーダム《モンゴル语訳〈八千颂般若经〉の系统について》，《印度学佛教学研究》60（2），第180–183页。

4. 梶山雄一、丹治昭义《八千颂般若经Ⅰ：大乘佛教　第二卷》，中央公论社，东京，1974年。

5. 川合务《东洋文库所藏・写本チベット訳〈八千颂般若经〉について》，《印度学佛教学研究》28（2），第150–151页；《写本チベット訳〈八千颂般若经〉の翻訳年代について》，《印度学佛教学研究》29（1），第95–97页，1980年。

6. 庄司史生《チベット语訳〈八千颂般若经〉の系统分类とその基准》，《佛教史学研究》52（1），第1–22页，2009年。

现代日本对中国三论宗的研究

驹泽大学教授　奥野光贤

一、序　言

笔者这次拿到的发表课题是“现代日本的中国三论宗研究”。正好10年前，笔者曾对“三论宗”的研究史做过一次概论性的梳理[①]。这次面对同样的题目，许多地方难免会与之前的研究有所重复，对此尚请诸位给予理解。同时因为篇幅的关系，对于旧作中未能顾及的有关慧均（生卒年不详）《大乘四论玄义记》的最新研究动向，这次发表时将尽可能以这部分内容为中心，兼顾旧作写作时到现在学界的相关研究进展，并权以尽发表之责。

① 可参照拙稿《三论宗》，田中良昭、冈部和雄编：《中国佛教研究入门》，大藏出版，2006年12月。《中国佛教研究入门》则有如下中译本：“中华佛学研究所”汉传佛教译丛《中国佛教研究入门》（辛如意译，台北：法鼓文化，2013年6月）。

二、三论宗研究的实际情况

大家知道,“三论宗”是以鸠摩罗什(350–409)所译的龙树(约150–250)《中论》《十二门论》、提婆(约170–270)《百论》这三部论著的研究为中心而发展起来的一家中国佛教学派，由隋朝时的嘉祥大师吉藏(549–623)大成之。

研究者认为，有以“三论学派”的名称而在中国存在的三论研究，以及以“三论宗”的称呼而在日本存在的三论宗两种情况，严格说来这样并无不妥。但本文这里按惯例在包含两者的意义上使用“三论宗”名称。

三论宗在日本是作为“南都六宗”之一宗而先于他宗传入的。也就是说，高丽僧慧灌(生卒年不详)在入隋后直接受学于吉藏并于推古天皇三十三年(625)来到日本，为三论宗的初传。此后，以道慈(？ –744)、智光(709–770或780)、安澄(763–814)、玄叡(–840)、圣宝(832–909)、珍海(1092–1152)、澄禅(1227–1307)等人为代表，各朝各代学僧辈出，研究和讲说不断。之后，三论宗与他宗融合的倾向越来越明显，最终与密教的兼学成为常态，进而被密教吞并，从日本佛教史的层面消失不见。也就是说，三论宗与在中国的情形一样，无论作为学派还是宗派，在现代的日本是不存在的。而这点自然对现代日本的三论宗研究产生了很大影响。

吉藏研究或是三论宗研究的真正开始其实并不那么久远。在该领域被公推为三论宗研究史上“不灭的金字塔”的平井俊荣《中国般若思想史研究——吉藏与三论学派》(春秋社，1976年)一书，距出版面世也不过半个世纪。这样的事实与前面提到的三论宗在现代日本作为学派和宗派均未有传承也颇有关联。

总之，由平井俊荣这部皇皇巨著才使“三论教学”“三论学”的研究得以确立，在该领域的研究也得以正式开始。当然，这也并非说平井俊荣以前就没有对三论宗的任何研究。前田慧云的《三论宗纲要》(丙午社，1920)就是这时期的代表。该书是平井著作出版之前唯一一部对三论宗要义的解说书，流传甚广。前田慧云在第三章“教理纲要”中，分为“一、破邪显正；二、真俗二谛；三、八不中道；四、真如缘起；五、佛身净土”的五项论述吉藏思想，而前几项的分章立项方法多是受到镰仓时代一位硕学凝然(1240–1321)《八宗纲要》的影响。

关于平井俊荣以前的研究状况，我们从前文提到的平井著作“序论”中的“吉藏与三论——日本研究的回顾与展望”部分，能大概了解其情况。据此可知，日本的三论研究甫一开始就是以吉藏《三论玄义》为中心的，并在不断的传承中推进和发展，从明治以后一直到最近。因为《三论玄义》自古就被视为吉藏立宗宣言的代表性纲要书，加之分量合适，在某种含义上，这也是该有的局面。从这种局部的研究中脱离出来，站在更宽广视野致力于综合性的三论和吉藏研究的就是前文提到的平井俊荣的专著。关于平井以后的相关研究成果则可参考笔者的旧作，而在笔者旧作以后新出现的有关三论宗的研究著作，则如下所述。

◎高野淳一：《中国中观思想论——吉藏的“空”》，大藏出版，2011年11月。

◎伊东昌彦：《吉藏净土教思想的研究——无得正观与净土教》，春秋社，2012年12月。

◎菅野博史：《南北朝·隋代的中国佛教思想研究》，大藏出版，2012年2月。

高野淳一出生于东北大学，专门研究中国思想。他敢于从自家立场挑战吉藏的佛教思想，主要以阐述吉藏的“中假思想”为主要研究方向。对高野的研究，有菅野博史略显严苛的书评可资参考。[①]

伊东昌彦的研究重点在迄今为止少人问津的吉藏净土思想方面。他尝试以《观无量寿经疏》为中心来界定吉藏往生净土说的思想地位，围绕说众生往生因果的“众生往生论”来展开论题。此外，伊东昌彦还对村地哲明主张的《无量寿义疏》的伪撰说[②]进行验证，对此观点重新加以肯定的同时也就该疏基于怎样的因素而假托吉藏之手的背景做了阐述。此外伊东还将《观无量寿经疏》的译注汇集为资料编，为今后该领域的研究铺垫了道路。

至于菅野博史的著作，则是指未收入《中国法华思想的研究》（春秋社，1994年）一书中的成果以及此后的论文按如下五个部分所做的分类和整理。

---

① 参照《集刊东洋学》第108号（2013年1月）。高野书也有山田俊的书评。参照《东方宗教》第120号（2012年11月）。

② 参照村地哲明《嘉祥作に帰せられたる〈无量寿经义疏〉》,《大谷学报》第39卷第1号，1959年7月。

〔绪论〕

〔第一部〕法华经疏的研究

〔第二部〕维摩经疏的研究

〔第三部〕涅槃经疏的研究

〔第四部〕《大乘四论玄义记》的研究

〔第五部〕其他

收录的各篇考论，如同《南北朝隋代的中国佛教思想研究》的书名以及各自的构成所显示，均非直接与三论宗相关的内容，但每篇又多少涉及中国三论宗，是有重要意义的文章。特别是近年来菅野重点研究的《大乘四论玄义记》的相关成果，尤为难得。笔者在本次会议的论文中有很多都是得益于该著作对相关研究史的总结和概括，在此特为提出并对菅野先生致谢。

三、关于《大乘四论玄义记》的研究

《大乘四论玄义记》[①]（以下简称《四论玄义》）是与吉藏同为兴皇寺法朗（507–581）门下的慧均（生卒年不详）著作。虽是吉藏同门的一部重要著作，长期以来却一直少人问津，身后寂寞。究其原因，正如众多学者皆所认同的那样，该疏存在文本上的问题。但就是这

① 具名为《无依无得大乘四论玄义记》，一般略称为《四论玄义》。关于具名为《无依无得大乘四论玄义记》一事，可参照后文提到的伊藤隆寿“关于《大乘四论玄义记》的诸问题”。

样一部文献却在突然间受到关注，这得益于横超慧日向学界介绍新出资料之功。也就是说，横超慧日发现了现有的大日本续藏经所收《四论玄义》[①]中未见的“初章中假义”和“八不义”，并在下面的论文中做了介绍。但横超并没有将整个文本介绍给学界，这点尚留待后文将提及的崔鈆植的校勘本。

◎横超慧日：《新出资料·四论玄义的初章中假义》，《印度学佛教学研究》第7卷1号，1958年12月。

◎横超慧日：《四论玄义的初章中假义》，岩井博士古稀纪念《典籍论集》，大安，1963年6月。

如前所述，菅野博史对后出的《四论玄义》研究动向有详细介绍，笔者谨在参照其介绍的同时重新论述如下。

承接上述横超慧日的观点，驹泽大学的伊藤隆寿和大谷大学的三桐慈海[②]，在相传为吉藏最晚年著作、但早就存在著者问题的《大乘玄论》的比较研究中进展颇丰。两位学者发表了如下的一系列论文。

◎伊藤隆寿：《关于慧均的〈大乘四论玄义〉》，《印度学佛教学研究》第18卷第1号，1969年12月。

◎三桐慈海：《关于慧均撰四论玄义八不义（1）——

---

① 大日本续藏经第1辑第1编第74册。续藏经本由全10卷构成。根据该本所附目录，卷第1的“十地义”、卷第3、卷第4的全文以及十重构成的卷第5“二谛义”中、“八辨绝名”“九明摄法”“十明同异”部分的文本欠缺。

② 三桐将自己的研究汇集而成的论文有《慧均的三论学》，平井俊荣监修：《三论教学的研究》，春秋社，1990年11月。

与大乘玄论八不义的比较对照》《佛教学 seminar》第 12 号，1970 年 10 月。

◎伊藤隆寿：《〈大乘四论玄义〉的构成与基本立场》，《驹泽大学佛教学部论集》第 2 号，1971 年 10 月。

◎伊藤隆寿：《关于慧均的〈大乘四论玄义〉(2)》，《印度学佛教学研究》第 20 卷第 2 号，1972 年 3 月。

◎伊藤隆寿：《四论玄义的佛性说》，《印度学佛教学研究》第 21 卷第 1 号，1972 年 12 月。

◎伊藤隆寿：《四论玄义佛性义的考察》，《驹泽大学佛教学部研究纪要》第 31 号，1973 年 3 月。

◎伊藤隆寿：《〈大乘玄论〉八不义的真伪问题》，《印度学佛教学研究》第 19 卷第 2 号，1971 年 3 月。

◎伊藤隆寿：《〈大乘玄论〉八不义的真伪问题（2）》，《驹泽大学佛教学部论集》第 3 号，1972 年 10 月。

◎三桐慈海：《大乘玄论的八不义——关于慧均撰八不义（ 2 ）》，《佛教学 seminar》第 17 号，1973 年 10 月。

通过上述研究，两位学者均对《大乘玄论》“八不义”的吉藏撰述表示强烈怀疑，对“八不义”的著者问题找到了一定的研究线索。伊藤隆寿从“八不义”的比较研究入手，深入到对《四论玄义》的整体性考察，以该论书中的思想特色和用语为基准进行检视，发现以往的目录中标为吉藏著作的《弥勒经游意》(《大正藏》38、No.1771）和《大品经游意》(《大正藏》33、No.1696）也很有可能并非吉藏所作。

伊藤认为，《大品经游意》“并非单独的著作，而是《大乘四论玄义》中的‘般若义’一章，在抄写传持过程中被后人误编为吉藏的《大品游意》”[①]。而对《弥勒经游意》，因为伊藤在名古屋市真福寺宝生院（别名大须观音）发现了有“均僧正撰”撰号的写本[②]，从而验证了自家推论的正确，这一点已是确定无疑的[③]。而且，因为现在的大正藏经所收的《弥勒经游意》和《大品经游意》是没有撰号的，这点也成为伊藤隆寿对两部论书是吉藏真撰存疑的一个原因。

此外，伊藤对日本三论宗文献内的《四论玄义》逸文所做的整理也成为考察该论书原型方面的宝贵成果。更值得一提的是，由伊藤对“初章中假义”所做的详细研究可知，同为兴皇寺法朗座下的同门，吉藏对“中假”持批判性看法，而慧均却对“中假”特别看重，两人的差别如此鲜明。可见伊藤的研究为考察吉藏和慧均的思想

---

① 伊藤隆寿:《弥勒经游意与大品经游意》，第320页。关于伊藤认为《弥勒经游意》《大品经游意》为伪撰，菅野博史提出了可佐证伊藤推论的见解。参照菅野《南北朝隋代的中国佛教思想研究》，大藏出版，2012 年 2 月，第 509 页（注 8）、第 525 页（注 10）。

② 20世纪90年代后期，菅野博史在真福寺宝生院发现了被视为吉藏晚年的法华注释书、现行大日本续藏经所收《法华统略》中欠缺的包含《药草喻品》《授记品》《化城喻品》释文的写本，是在进行翻刻和现代语译工作时不容忽视的重要成果。对此，可参照菅野如下的一系列研究成果。即：“新出资料《法华统略》释药草喻品・释授记品・释化城喻品”（《印度学佛教学研究》第 46 卷第 1 号、1997 年 12 月）、“新出资料《法华统略》释药草喻品・释授记品・释化城喻品の翻刻”（《大仓山论集》第 42 辑、1998 年 3 月）、《法华统略（上）》《同（下）》（大藏出版，1998 年 3 月、2000 年 3 月）、“关于吉藏撰《法华统略》写本（真福寺宝生院所藏）”（江岛惠教博士追悼论集《空与实在》，春秋社，2001 年 2 月）

③ 参照伊藤隆寿“关于宝生院藏《弥勒上下经游意十重》”“关于慧均撰《弥勒上下经游意》的出现——付宝生院本的翻印”。

性立场提供了一大视角。下面顺序列出伊藤隆寿的相关论文。

◎《〈弥勒经游意〉的疑点》,《驹泽大学佛教学部论集》第 4 号，1973 年 10 月。

◎《弥勒经游意与大品经游意》,《印度学佛教学研究》第 22 卷第 2 号，1974 年 3 月。

◎《三论教学中的初章中假义（上）》,《驹泽大学佛教学部研究纪要》第 32 号，1974 年 3 月。

◎《大品游意考——关于构成及引用经论等》,《曹洞宗研究员研究生研究纪要》第 7 号，1974 年 8 月。

◎《〈大乘四论玄义〉逸文的整理》,《驹泽大学佛教学部论集》第 5 号，1974 年 10 月。

◎《三论教学中的初章中假义（中）》,《驹泽大学佛教学部研究纪要》第 33 号，1975 年 3 月。

◎《大品游意考（续）——以经题释为中心》,《驹泽大学佛教学部论集》第 6 号，1975 年 10 月。

◎《三论教学中的初章中假义（下）》,《驹泽大学佛教学部研究纪要》第 34 号，1976 年 3 月。

◎《关于宝生院藏〈弥勒上下经游意十重〉》,《印度学佛教学研究》第 25 卷第 2 号，1977 年 3 月。

◎《关于慧均撰〈弥勒上下经游意〉的出现——付、宝生院本的翻印》,《驹泽大学佛教学部研究纪要》第 35 号，1977 年 3 月。

《四论玄义》的研究在此后不久趋于平缓，但在进入 21 世纪以来又再次呈现出活跃态势。菅野博史认为,《四论玄义》中可见到引用的很多资料，这点对于阐明南北朝时期的佛教思想是非常宝贵的，有其重要地位[①]。同时菅野在将其与同门的吉藏思想相对化的进程中推进了对该论书的研究。此外，韩国木浦大学（现属东国大学）的崔鈆植于 2000 年 3 月至 2002 年 3 月作为研究员访学驹泽大学，由石井公成担任指导教授。在日期间受伊藤隆寿的启发，崔鈆植开始对《四论玄义》进行研究，此后不久就提出该论书为百济撰述说的观点。崔鈆植主要是关注到文本中的“耽罗”“吴鲁”“宝喜渊师”词而有了如下主张[②]。

（ 1 ）耽罗，即现在的济州岛。元代以前的中国文献中几乎未见对耽罗的记述，故而不能认为《四论玄义》为中国撰述文献。

（ 2 ）“吴鲁”一词也是中国其他文献所没有却属于《四论玄义》特有的用例。这里，吴和鲁分别表示中国的江南和江北地区，因为这种对称式的表达未见于其他的中国文献，故而成为对《四论玄义》中国撰述说存疑的一大因素。

（ 3 ）“宝喜渊师”应该是指宝喜寺的渊师，但“宝喜寺”这一

① 本书用于南北朝时期佛教思想的资料而做的研究工作，有吉村诚的研究成果。吉村对《四论玄义》中的九识说加以考察，认为慧均所传的九识说是对摄论学派解释的一种反映。吉村还指出，慧均引用的《九识义》有可能是包含真谛译内容的摄论学派著作。参照吉村诚:《中国唯识思想史研究——玄奘与唯识学派》(大藏出版，2013 年 10 月）第 1 篇第 5 章Ⅱ “三论文献中的摄论学派九识说”。

② 以下是笔者（奥野）对崔论文的总结，文责在笔者。

名称的寺院，迄今在韩国乃至中国和日本的文献中均未能确认。然而，2000 年 4 月在百济的古都，即扶余的陵山里的遗迹中，发现了 20 件木简，其中一件上明确刻有“宝喜寺”的文字。由此可推定“宝喜寺”为百济的一座寺院。

（4）综上所论，“《四论玄义》为百济撰述”确乎没有什么问题。

崔鈆植在此之上又深入研究，出版了包含前面提到的现有大日本续藏经本中缺漏的“初章中假义”“八不义”文本的大作，为《四论玄义》的研究留下了新的成果，即：

◎崔鈆植校注：《校勘大乘四论玄义记》，金刚学术丛书 2，金刚大学校佛教文化研究所，大韩民国，2009 年 6 月。

山口弘江完成了包含上述推论在内的解题部分的日译，大大方便了日本的研究人员。

◎崔鈆植（山口弘江译）：《〈大乘四论玄义记〉与韩国古代佛教思想的再检讨》，《东アジア佛教研究》第 8 号，2010 年 5 月。

此著作出版之前，崔鈆植在驹泽大学这所开始《四论玄义》研究的结缘之地做了相关内容的讲演，讲演录刊载于下面的刊物。

◎崔鈆植：《〈大乘四论玄义记〉与百济佛教》，《驹泽大学佛教学部论集》第 39 号，2008 年 10 月。

该讲演录还收录有韩国学界对崔鈆植《四论玄义》百济撰述说的反论，这里省去不提。

此后，伊藤隆寿对自己过去的研究做了回顾并对崔鈆植的观点给予很高评价。在大致认可其观点的同时，也对《四论玄义》百济撰述说中的卷第五至卷第十的各卷末标识语“显庆三年次戊午年十二月六日兴轮寺学问僧法安为大皇帝及内殿故敬奉义章也”提出如何解读的问题，并且认为不能排除新罗撰述说。

◎伊藤隆寿：《关于〈大乘四论玄义记〉的诸问题》，《驹泽大学佛教学部论集》第40号，2009年12月。

基于上述各项研究的进展，菅野博史在2009年度的日本印度学佛教学会学术大会上，主持了题为“《大乘四论玄义记》及其周边”的讨论会，向日本佛教学者广泛介绍了相关研究情况[①]。此后，菅野博史也对《四论玄义》加大了研究力度[②]。

〔附记〕

听伊藤先生自己说，将对之前的《四论玄义》和《大乘玄论》相关论文做一个汇集，并结合时下的一些想法，在近期出一部研究

---

① 参照菅野博史、崔鈆植、伊藤隆寿、奥野光贤（共著）：《〈大乘四论玄义记〉及其周边》，《印度学佛教学研究》第58卷第2号，2010年3月。

② 菅野2012年以后的研究如下所列：

◎《〈大乘四论玄义记〉〈佛性义〉〈第一大意〉的分析》，《创价大学人文论集》第24号，2012年3月。

◎《〈大乘四论玄义记〉〈佛性义〉〈第二释名〉的分析》，《印度学佛教学研究》第61卷1号，2012年12月。

◎《〈大乘四论玄义记〉〈佛性义〉〈第三体相〉的分析》，《印度学佛教学研究》第62卷第1号，2013年12月。

◎《关于〈大乘四论玄义记〉〈佛性义〉的〈第二释名〉》，《创价大学人文论集》第25号，2013年3月。

◎《关于〈大乘四论玄义记〉〈佛性义〉〈第三体相〉的分析》，《创价大学人文论集》第26号，2014年3月。

新著。笔者对此翘首以盼，谨致贺意。

四、吉藏疏与天台疏

与近来中国三论宗有关的一大话题性研究，是吉藏和智顗（538–597）之间的文献交互情况。对该问题已有佐藤哲英《天台大师的研究》(《百华苑》，1961 年 3 月）走在前头。佐藤在该书中指出，智顗与吉藏共存的经典注疏之间有明显的互相依用关系。特别是现存的《法华文句》文本与吉藏的《法华玄论》和《法华义疏》之间、《法华玄义》与《法华玄论》之间存在密切关联。在佐藤研究成果的基础上，平井俊荣又对两人的文献交互情况进行了更为详细的梳理，通过对吉藏和智顗现存的全部共有经典注疏进行比较研究，以依用关系最明显的《法华文句》为中心，完成了《关于法华文句成立的研究》(春秋社，1985 年 2 月）一书。平井在该书中也提到《法华玄义》和维摩疏，因为“前言”里集中体现了著者的问题意识，故而引用如下。

> 智顗与吉藏共存的经典注疏之间的相互依用关系，几乎无一例外是从吉藏疏到智顗疏的参照依用，而完全没有相反的逆向痕迹。这说明，传为智顗撰的现存注疏中，有很多不可能是智顗的著述，包括其门人笔录的智顗讲说。而应该是灌顶及其门人在吉藏疏成立以后的参照和依用。（前列平井书、“前言” ii 页）

也就是说，平井认为《法华文句》乃至与吉藏共有的天台经典注疏，均为智顗身后由其门人灌顶（561–632）等人参照吉藏注疏，以此为底本经写作和添加完成的。其典型事例即是平井所论证的天台宗根本典籍、天台三大部之一的《法华文句》。前文提到的平井书中，平井指出，《法华文句》的搬用，并非简单的对术语和历史事实的搬用，甚至连“四种释义”等重要教义也在其列。

至于平井俊荣《关于法华文句成立的研究》一书之后的相关研究动向，因笔者的旧作中均有整理和汇集[①]，详细可参照拙著。正如笔者在书中所写，平井着手此项研究的根本动机，是否在于菅野博史尖锐指出的如下方面呢：

> 平井指出，智顗《法华玄义》和《法华文句》中的一部分是在参照吉藏《法华玄论》和《法华义疏》的基础上成立的，这点在文献学上是正确的，谁也不能对此有所反驳。平井的研究，是对在日本《法华经》研究领域已占据绝对权威的智顗阴影下的吉藏所受的不公和冷遇的一次平反，是对日本的天台研究敲响的一记警钟。（画线部分奥野添加）[②]。

平井意在为吉藏所受的不公和冷遇平反，这点自然没有问题，

① 参照拙稿《天台与三论——〈关于法华文句成立的研究〉刊行二十年》，《驹泽短期大学佛教论集》第11号，2005年。

② 参照菅野博史“关于日本的中国法华经疏研究”，1999年12月7日付の《中外日报》、后再收录于菅野博史“天台大师智顗与嘉祥大师吉藏法华经观的比较研究（平成10年度～12年度科学研究费补助金研究成果报告书）”。

其背景则有对未能形成宗派就在日本佛教史的表层消失不见的三论宗研究远比天台宗和华严宗来得要晚这一现实情况所做的预测。对本书的反馈在笔者的前记拙稿中也有提到，这里从略。但最近松森秀幸详细指出了平井一些过度的观点和误读情况，使人感到该领域的研究又将迎来一个新的阶段[①]。

此外，笔者还想涉及一些从“批判佛教”的立场对吉藏教学的批判[②]以及关于三论宗文献研究的现状，但限于篇幅，今天就先说到这里，请诸位多体谅。

（张宇红　译）

① 参照松森秀幸：《唐代天台法华思想的研究——关于荆溪湛然天台法华经疏注释的诸问题》，法藏馆，2016 年 3 月。

② 批判佛教立场的代表性观点，可参照袴谷宪昭：《伪佛教を排す》，《批判佛教》，第 307 页的论述，大藏出版，1990 年 3 月。

中国华严教学中的般若系经典

中国人民大学佛教与宗教学理论研究所教授　张文良

序　言

般若系经典作为阐扬大乘“空”思想的经典，在中国佛教诸宗派的形成和发展过程中皆发挥了重要作用、占有重要地位。中国义理佛教的代表性宗派之一的华严宗虽然尊奉《华严经》为最高经典、其思想主要以对《华严经》的注疏方式而展开，但般若系经典同样受到华严思想家的重视，“空”的思想也构成了中国华严思想体系的重要因素。如，被尊为华严宗二祖的智俨（602–668）著有《金刚般若经略疏》、被尊为三祖的法藏（643–712）著有《般若心经略疏》、被尊为五祖的宗密（780–841）则著有《金刚经纂要》。这一传统一直延续到宋代，作为宋代华严宗代表人物之一的长水子璿（965–1038）著有《金刚经纂要刊定记》。透过这些注释书，我们可以大体窥见中国华严思想家对般若思想的基本立场。

在华严宗的判教体系中，般若系经典一般被判为“大乘始教”，即大乘思想入门阶段的经典，在位相上不及《涅槃经》《佛性论》等

“大乘终教”，更不及《华严经》所代表的“圆教”。尽管如此，自智俨以讫宗密、子璿等皆为般若系经典作疏，阐扬其思想，显示出它们在华严思想家眼里有着重要地位。仔细分析这些注释书的思想可以发现，中国华严思想家之所以关注般若系经典并通过注疏的方式阐释其思想，其目的在于将般若系经典的思想与《华严经》所代表的所谓“圆教”思想加以整合，从而构筑既有层次性又有统一性的“圆教”思想体系。

可以说，中国华严思想家是在吸收般若系经典的思想基础上构筑华严思想体系的，与此同时，他们对般若系经典的独特阐释反过来又影响到中国般若思想的发展，成为印度般若思想本土化进程的重要组成部分。关于中国华严思想家的般若系经典注释书，木村清孝、吉津宜英等已经有若干研究，但这种研究皆为针对特定著作的个案研究，难以看到其全貌和思想嬗变的轨迹[①]。本文将在吸收先行研究成果的基础上，以智俨、法藏、宗密、子璿的般若系经典注疏为例，对中国华严教学中的般若思想略做探讨，力图从一个侧面对般若系经典与东亚佛教之间的交涉互动做出考察。

① 参见木村清孝：《金刚般若经略疏的三种般若思想》,《日本印度学佛教学研究》18–2，1970 年。吉津宜英：《长水子璿的〈金刚经理解——以《金刚经纂要刊定记》为中心〉》,《大乘佛教思想の研究：村中祐生先生古稀记念论文集》，第 207–219 页，山喜房佛书林，2005 年。此外，先行研究尚有阿纯章的《智顗说〈金刚般若经疏〉的思想倾向》,《大乘佛教思想の研究：村中祐生先生古稀记念论文集》（第 147–160 页，山喜房佛书林，2005 年）等的相关研究。

一、智俨的《金刚般若经略疏》

智俨被视为中国华严宗的奠基者，一生留下《搜玄记》《孔目章》等二十余部著作，这些著作大多是关于《华严经》的注释书，而关于《金刚般若经》的注释书《金刚般若经略疏》则是例外。关于此书的真伪，学术界虽然有争论①，但由于不存在明确的证据证明其为伪作，相反，在思想上，此书与智俨的其他著作之间存在整合性，所以一般认为它属于智俨的著作。如木村清孝认为由于其中言及玄奘所译的六百卷《大般若经》，所以此书的著述年代应该在《大般若经》译出的663至智俨去世的668年之间②。

在智俨的教判体系中，《金刚般若经》被视为"始教"。如智俨在《五十要问答》中云："《金刚般若》是三乘始教，初会愚法声闻故"③，即《金刚般若经》属于三乘始教的经典，其教义是打破诸法有实体的虚妄认识，引导执着于虚妄认识的愚法声闻进入大乘。在《孔目章》中，智俨认为《金刚般若经》属于阐明"始教门真如"的经典，而始教门的真如与终教门的真如不同，前者是"空真如"，即

① 如石井公成认为，《金刚般若经略疏》引用了比智俨晚出的慧琳撰《一切经音义》和般若译《守护国界主陀罗尼经》的内容，因而"至少就现行本而言，不能说是智俨的著作"。不过，由于本书中的教判思想与智俨其他著作中的思想相一致，所以它有可能是以智俨的著作或讲义为基础增广、整理而成。参见石井公成：《华严思想的研究》，春秋社，1996年，第251页。

② 参见木村清孝：《金刚般若经略疏の三种般若思想》，《日本印度学佛教学研究》18–2、384页。

③ 《大正藏》第45册，第523页中。

只包含“空”义的真如[①]。在《金刚般若经略疏》的“藏摄分齐”中，智俨云：

> 此经所为，名同小乘。所有法门，主伴不具。所述文义，唯局一方。唯说理门，遂其解行。以此为验，非即一乘[②]。

即《金刚般若经》所对应的教化对象与小乘教一致，都是愚法声闻。其中的所有法门都没有主伴。所叙述的文义如“空”义，都只限于一端（讲“空”而不讲“不空”）。只是从“理”的侧面解释“解”和“行”。从这个意义上说，《金刚般若经》不是“一乘”。“一乘”的概念在智俨的不同著作中有不同的内涵。如在《五十要问答》的“一乘得名意”中，智俨用《摄大乘论释》中的“一乘义”规定“一乘”，即将“一乘”视为如来藏思想，也就是“五教”中的“大乘终教”。可见，在智俨看来，《金刚般若经》在教义上虽然属于大乘，但由于其教化所针对的对象是声闻，所以与小乘教也有交集。属于从小乘到大乘的过渡形态的经典。

既然智俨对《金刚般若经》的评价不高，为何他还要专门对其作疏呢？从外在的原因看，《金刚般若经》在社会上的广泛流传是重要原因。随着南宗禅的隆盛，《金刚般若经》作为启发六祖慧能（638–713）开悟的经典深入人心。但实际上，早在慧能之前，《金刚

---

① 《孔目章》：“今初教门中真如，但是空义，不同终教。”《大正藏》第45册，第559页上。

② 《大正藏》第33册，第239页上。

般若经》就流传甚广，据《金刚经解义》的说法，对《金刚般若经》造疏、注解者就有八百余家[①]。由于长时间的研究、读诵乃至围绕此经的灵异故事的传播，《金刚般若经》成为僧俗共认的佛教的代表性经典。如唐高祖（566–635）曾经在国学“命徐文远讲《孝经》，僧惠乘讲《金刚经》，道士刘进嘉讲《老子》，诏刘德明与之辩论”[②]。这说明，在唐朝初期，《金刚经》就已经被视为最具代表性的佛教经典。在这一背景下，智俨选择对《金刚般若经》作疏，应该是自然的事情。

从智俨自身的佛教立场看，其“一乘同教”的立场应该是其撰述此疏的内在原因。在智俨那里，“一乘”“三乘”与“同教”“别教”等概念是其对佛教经典进行判释时的重要范畴。根据《孔目章》的说法，“三乘”指声闻乘、缘觉乘和菩萨乘；“一乘”则佛乘。与此相对应，“别教”是指区别于声闻乘、缘觉乘和菩萨乘等三乘教之一乘教；而“同教”则指三乘会归一乘。换言之，“别教”着眼于三乘与一乘之间的差异性；而“同教”则着眼于三乘与一乘之间的共同性。这种共同性，从《华严经》的立场来看，就是华严一乘的教义

---

① “此经读诵者无数，称赞者无边。造疏及注解者，凡八百余家”。《金刚经解义》虽然署名慧能所作，但由于其内容与敦煌本《坛经》之间存在密切关系，据伊吹敦考证，应该属于神会（684–758）一系的作品。参见伊吹敦：《关于〈金刚经解义〉的成立》，《印度学佛教学研究》45–1。

② 《大唐新语·褒赐第二十四》“高祖尝幸国学，命徐文远讲《孝经》，僧惠乘讲《金刚经》，道士刘进嘉讲《老子》，诏刘德明与之辩论。于是诘难蜂起，三人皆屈”。（唐）刘肃撰，许德楠、李鼎霞点校：《大唐新语》，《唐宋史料笔记丛刊》，北京：中华书局，1984年版，第162页。

可以涵盖三乘；而从三乘的立场来看，则是其教义虽然不如华严一乘究竟和圆满，但其中包含着一乘的思想成分和要素。可以说，智俨正是基于这种“同教一乘”的立场才将《般若经》纳入注疏的范围。

智俨的《金刚般若经略疏》的思想特征，可以概括为两点：一是将《金刚般若经》的宗旨概括为“三种般若”；二是将《金刚般若经》思想与真如缘起思想相关联。在《金刚般若经略疏》的开头部分，关于《金刚般若经》的“宗趣”云：

> 总明宗趣，此经即用三种般若：一实相般若；二观照般若；三文字般若。所以知，下经文具明理、行及教三义故。[①]

三种般若的概念是基于《大智度论》和《大品般若经》的相关内容在中国佛教中提出的概念。在智俨之前，吉藏（549–623）、智顗（538–597）和净影寺慧远（523–592）的著作中已经有类似的说法。在平井俊荣等的先行研究中，关于“三种般若”的成立史已经得到详细考察[②]。从思想的关联看，智俨的三种般若说与净影寺慧远在《大乘义章》“三种般若义”中的说法相接近[③]。智俨不仅将《般若

① 《金刚般若经略疏》卷 1，《大正藏》第 33 册，第 239 页中。

② 参见平井俊荣：《三种般若说的成立与展开》，《驹泽大学佛教学部研究纪要》第四十一号，第 178–198 页，1983 年。

③ 《大乘义章》卷第 10：“三种般若，出《大智论》。言般若者，是外国语，此翻名慧。于法观达，目之为慧。慧义不同，一门说三。三名是何？一文字般若；二观照般若；三实相般若。此三种中，观照一种是般若体，文字实相是般若法，法体合说，故有三种。”《大正藏》第 44 册，第 669 页上。

经》的宗旨概括为三种般若，而且将三种般若分别与理、行、教相对应。将法分为理、行、教三类，亦见于《大乘义章》。按照净影寺慧远的理解，“理”指佛性和法界；“行”指六波罗蜜等修行；“教”指表达佛法的经典[①]。净影寺慧远虽然提出了三种般若和三种法的概念，但并没有将二者相对应。智俨在解释《金刚般若经》的“应云何住、云何修行、云何降伏其心”[②]一段经文时云，“二问所住之理，即显问实相般若；三问能修行，即问观照般若；四问能降伏心，即调伏方便，即问文字般若”[③]。即“理”“行”“教”三种法，从众生的角度看，是由迷转悟的修行过程；而从智慧的角度看，则是三种般若。这种说法是智俨的独特理解。

智俨的《金刚般若经》解释的另一个特征是结合真如缘起思想来诠释“般若”的内涵。如在解释《般若经》的“如菩萨大乘中发阿耨多罗三藐三菩提心，应如是住，如是修行，如是降伏其心”[④]时云：

> 所言应如是住者，即实相般若。明法界真如，本觉寂静。离念明慧，无分别智之所显现。一得不退，名之为住[⑤]。

---

① 《大乘义章》卷9：“法有三种：一者教法，所谓三藏、十二部经；二者理法，所谓佛性。于中分别，二谛一实，缘起法界，是其理也；三者行法，六度等仪。”《大正藏》第44册，第649页上。

② 《大正藏》第8册，第752页下。

③ 《大正藏》第33册，第240页中。

④ 《大正藏》第8册，第752页下。

⑤ 《大正藏》第33册，第240页中。

在这里，智俨以“法界”“真如”“本觉”“离念”“无分别智”等概念诠释“实相般若”。在这些概念中，“真如”“本觉”“离念”等出现于《大乘起信论》中，表达“心真如”的空性和根源性智慧。关于“实相般若”，吉藏在《净名玄论》卷第一中，用“不二理”“中道”“因佛性”来诠释[①]。而智者大师在《金光明经玄义》中，则用“非寂非照”“一切种智”来诠释[②]。吉藏的解释显然受到《涅槃经》的五种佛性说的影响，而智者大师则受到《大品般若》和《大智度论》的三种智说的影响。众所周知，智俨重视《大乘起信论》，曾著《起信论疏》，并积极吸收其真如缘起的思想。关于“实相般若”的解释，我们也看到《起信论》的影响。智俨在解释《般若经》的“实性”概念时云：

> 言实性者，性本空寂，有佛无佛，体相常住，不迁不变，无作无起，不来不去，不动不转。但因缘有，犹若空寂。故《经》云，三界虚妄，唯一心作。十二因缘，是皆一心。无有作者，无有知者，一切诸法，随心转故[③]。

---

① 《净名玄论》卷1：“不二理，谓实相般若；不二观，则观照般若；不二教，则是文字波若。此三眼目异名，更无别体也。不二理，则义相观；不二观，谓心行观；不二教，谓名字观。不二理，即中道；不二观，谓正观；不二教，则名为论。但为佛印定，故名不二经。菩萨所造，名不二论，更无别体也。不二理，即因佛性；不二观，谓因因性；由不二境，发不二智，故是因因”。《大正藏》第38册，第862页上－中。

② 《金光明经玄义》卷上：“云何三般若？般若名智慧。实相般若，非寂非照，即一切种智；观照般若，非照而照，即一切智；方便般若，非寂而寂，即道种智。”《大正藏》第39册，第3页下－第4页上。

③ 《金刚般若经略疏》卷1，《大正藏》第33册，第241页中。

如上所述，无论是吉藏还是智者大师都是从空性和智慧性两方面界定“实相般若”，而智俨除了强调“实相般若”的空性和智慧性，又引用《华严经》的唯心说，从万法唯心的角度界定“实相般若”。这里的“般若”除了空性和智慧性这种静态的性质，还具有了随缘而显现一切诸法的动态的性格。在这个意义上，这里的“一心”除了《华严经》中原本具有的“心识”的内涵，也具有《大乘起信论》中兼具“真如门”和“生灭门”的“一心”之义。这种唯心说显然与《大乘起信论》的真如缘起说有密切关系。

二、法藏的《般若心经略疏》

法藏在《华严经传记》的“孙思邈传”中记载有唐高祖和孙思邈（541 年或 581–682 年）之间的如下一段对话：

> 帝尝纵容顾问，“修何功德，为最佳耶？”邈对曰，“天皇何不读《华严经》？”帝问何故，邈曰，“天皇大人，须读大典。譬如宝器函盖宜相称耳。”帝曰，“若论大经，近者玄奘法师所译《大般若》凡六百卷，宁不大乎？”邈曰，“般若空宗，乃《华严经》中枝条出矣”。帝深信之[①]。

即唐高祖征询孙思邈的意见，诵读何种经典功德最大？孙思邈建议高祖诵读伟大的经典。高祖问玄奘法师所翻译的六百卷《大般

① 《华严经传记》卷 5，《大正藏》第 51 册，第 171 页下。

若》难道不是伟大的经典么？孙思邈则向皇帝解释，《般若经》属于“般若空宗”，是从《华严经》这一根本经典中长出的“枝条”。意思是说，《华严经》是“本”而《般若经》不过是“末”。

在中国历史上，孙思邈作为医药学家和道家仙人而受到尊重，明、清之后更被奉为“药王”而受到信仰。因此，“孙思邈传”被法藏收入《华严经传记》本身有些奇怪。在《华严经传记》中，孙思邈作为《华严经》的信奉者的形象而出现。据法藏的说法，孙思邈曾抄写《华严经》730遍。法藏所记载的孙思邈传是否符合历史事实是一个值得进一步考察的问题，但由于这与本文的主题无关，故在这里存而不论。唐高祖与孙思邈之间的对话无论是否是事实，法藏将其记录下来这种行为本身，就反映了法藏自身的经典观。也就是说，在这里，法藏实际上是借孙思邈之口讲出了自己对经典的看法。

从这个故事看，法藏将《般若经》视为“般若空宗”，相对于《华严经》作为华严宗根本经典的性格，《般若经》只是附属性经典。这种见解与法藏的判教思想是一致的。如，法藏在判教中虽然与智俨一样使用“同教”和“别教”的概念，但法藏所理解的“同教”和“别教”与智俨所理解的“同教”和“别教”有很大不同。智俨的“同教”和“别教”皆为《华严经》的特征，分别代表《华严经》一乘与三乘有“同”和“别”两个方面，而法藏所说的“同教”和“别教”分别指《法华经》和《华严经》。智俨的“同教”和“别教”在位相上是平等的，没有高下之分，而法藏的“同教”和“别教”则有高低之别。从这个意义上说，法藏这里确实有《华严经》至上主义的意识。在《探玄记》的“教起前后”部分，法藏从说法的时间顺序讨论了《华严经》比之于其他经典的殊胜之处。在这里，法藏将《华严经》称为“称法之本教”、将其他经典称为“逐机之末教”。这种从“本”“末”的观念出发说明《华严经》与其他经典之间关系的做法，与上述《华严经传记》中借孙思邈之口对《华严经》与《般若经》之间关系的解释相一致。

既然法藏将《般若经》判为“末教”，那么法藏为什么在《华严经》的注疏之外还对《般若心经》进行注疏呢？除了玄奘所译的《般若心经》在社会上影响巨大之外，这种做法也与法藏的判教思想相关。在判教思想中，法藏一方面强调《华严经》作为根本经典的至上地位，另一方面，法藏又从本末一体的立场出发，力图将《华严经》所代表的“圆教”与其他诸经典所代表的“终教”“始教”等相融合。这种融合并不是消弭诸教之间的差别，相反，正是在对诸教进行区别基础上，对诸教的教义进行再解释，从而吸收其思想要素，使之成为“圆教”的组成部分。如法藏对唯识学的三性、三无性进行再解释从而形成华严学的三性、三无性说就是典型的例子[①]。

---

① 法藏在《华严五教章》的“义理分齐”章中立“三性同异义”，对唯识学派的三性做了重新解释。法藏认为唯识学的三性各有二义：圆成实性（真如）有“不变”与“随缘”义；依他起性中有“无性”与“似有”义；遍计所执性有“理无”和“情有”义。二义中的前者（不变、无性、理无）与后者（随缘、似有、情有）同义，三性融通。唯识学派主张，“圆成实性”是不变的真实，不随缘（生起）虚妄（无常）诸法。而法藏则认为，圆成实性“正因为自性清净而成立染净诸法”，因此，不变“与”随缘全体相收，一性无二。《大正藏》第45册，第499页上。

那么，法藏对“般若空宗”又持何种立场呢？

关于色与空之间的关系，《般若心经》最典型的说法就是“色不异空，空不异色”与“色即是空，空即是色”。法藏在解释这一段经文时，从“相违义”“不相碍义”“相作义”三个方面诠释色与空的关系。

所谓“相违义”，即色与空之间的相互否定关系。法藏在解释《般若心经》的“空中无色”时，认为此处的“空中无色”应该与“色中无空”对举，前者表达“以空害色”，后者表达“以色违空”。“若以互存，必互亡故”，色与空既相互依存，又相互否定。如法藏所言，以“空”望“色”，则“空”隐而色显；若以“色”望“空”，则“色”眠而“空”显。

所谓“不相碍义”，即“以色是幻色，必不碍空；以空是真空，必不碍色。若碍于色，即是断空，非真空故；若碍于空，即是实色，非幻色故”[①]。也就是说，“色”非实在的“色”，所以不妨碍“空”；而“空”非断灭空，所以不妨碍“色”。如果“空”妨碍“色”，那么此“空”就是断灭空而非真空；同样，如果“色”妨碍“空”，那么此“色”就是实“色”，而非幻“色”。

所谓“相作义”，即“若此色举体非空，不成幻色。是故由色即空，方得有色故”[②]。也就是说，“色”举体即空，所以才成其为“幻色”，同样地，“空”举体即“色”，所以才成其为“真空”。为说明

① 《大正藏》第33册，第553页上－中。
② 同上，第553页中。

这一点，法藏引用了《大品般若经》的说法，即“若诸法不空，即无道无果等”[①]。

法藏对“空”的理解有两个显著特征：一是从“空”与“色”的相互关系中诠释“空”的内涵。这当然受到作为注释对象的《般若心经》的影响，因为《般若心经》本身就是结合“色”来诠释“空”。但两者的立场还是有微妙的区别。如《般若心经》仅仅讲“空中无色”而并没有讲“色中无空”，在“空”与“色”的关系中，“空”似乎是更为根本性的存在。法藏所引用《中论》“以有空义故，一切法得成”的说法就说明这一点。即在法藏看来，《中论》所说的“空”是一切法存在的根据，是一切法得以成立的前提。而在法藏这里，既可以说“空中无色”也同时可以说“色中无空”，“色”与“空”在位相上是完全平等的。“空”不是“色”背后的实体，而是与“色”相对的存在。

这种对“空”与“色”之间相互关系的认识，与法藏的“无碍”思想有直接关系，此即法藏对“空”理解的第二个特征：从无碍的立场诠释“空”。法藏在解释《中论》的“以有空义故，一切法得成”时，从“空”和“色”两种立场出发对二者的“无碍”关系做了分析。从“空”的立场看，有“废己成他义”“泯他显己义”“自他俱存义”“自他俱泯义”四义；从“色”的立场看，则有“显他自尽”“自显隐他”“俱存”“俱泯”四义。通过这种分析，法藏总结云，

① 《大正藏》第33册，第553页中。

“是即幻色存亡无碍，真空隐显自在，合为一味，圆通无寄”[1]。即法藏将“色”与“空”之间相互排斥又相互成就的关系概括为“无碍”“自在”“圆通”，而且这种关系非我们的日常思维所能把握（无寄）。这种对“色”与“空”关系的把握，显然与法藏所构筑的以“理事无碍”与“事事无碍”为核心的华严思想有密切关系。

三、宗密的《金刚经纂要》与子璿的《金刚经纂要刊定记》

如前述所，在唐高祖时代，《金刚经》就被视为佛教的代表性经典，而到唐玄宗（685–762 年）时代，《金刚经》在佛教中的地位又得到提升，其契机是唐玄宗亲自为《金刚经》作注并颁行天下。唐玄宗为了推进其三教并重的政策，在开元十年（722 年）注《孝经》、开元二十年（732 年）注《道德经》，又在开元二十三年（735 年）注《金刚经》，此即《御注金刚经》。《御注金刚经》是在僧人讲经基础上加上唐玄宗本人的若干发挥而成，虽然在学术上无甚建树，但在客观上推动了《金刚经》在全国的传播。《御注金刚经》颁布后，立即被收入藏经，并在全国各地出现讲经的热潮，如道氤（668–740）在青龙寺著《御注金刚经宣演》（《青龙疏》）、玄俨（675–742）在河南著《御注金刚经义疏》等。全国各地广为刊刻《御注金刚经》石经，天宝元年（742）的房山石经本《御注》就是其中之一。随

① 《大正藏》第 33 册，第 553 页中。

着《金刚经》在社会上的传播，关于《金刚经》的灵异故事也流行开来。如唐代的唐临撰《冥报记》、唐道宣撰《集神州三宝感通录》、唐道世撰《法苑珠林》等都收录了关于《金刚经》的灵异故事。由于《广异记》收录有因为信仰《金刚经》而得延寿的故事，故《金刚经》又得名《续命经》[①]。这样，不仅在社会上层而且在庶民阶层中,《金刚经》亦得到广泛流传。

在这种社会背景下，被尊为华严宗第五祖的宗密（780–841）关注到《金刚经》是自然的事情。据镰田茂雄推测，宗密曾先后著《金刚经疏》与复注《金刚经疏钞》[②]。在义天的《新编诸宗教藏总录》中，收录《金刚经纂要》一卷本（宗密述）和二卷本（宗密述 子璿治定）两种[③]。吉津宜英推测，一卷本或许就是《金刚经疏》、二卷本或许就是《金刚经疏钞》。但由于我们现在所能看到的只是子璿改订的《金刚经纂要》，没有宗密的《金刚经疏》或《金刚经疏钞》以资对比，所以它在多大程度上反映了宗密的《金刚经》观，我们无由得知。据吉津宜英的研究,《纂要》经过子璿的改订，而且从内容看，在对《金刚经》进行注释时，多处引用无著、世亲的著作，而反映宗密华严学立场的独特思想几乎没有，所以它能否被视为宗密单独

① 据《广义记》记载，唐天宝年间，有御史张某遇一鬼前来索命，因为张某无意中帮助了此鬼，此鬼告诉他："能一日之内转千卷《续命经》，当得延寿。"又告诉他此《续命经》即人间的《金刚经》。（唐）戴孚撰，方诗铭辑校：《冥报记·广异记》,《古小说丛刊》，北京：中华书局，1992 年版，第 29 至 30 页。

② 参见镰田茂雄:《宗密教学の思想史的研究》，东京大学出版会，1975年，第 73 页。

③ 《大正藏》第 55 册，第 1170 页下。

的著作值得怀疑[①]。

与《金刚经纂要》相比，子璿的《金刚经纂要刊定记》的思想特色更为显著。这种思想特色主要表现在子璿对《纂要》的序文部分的再解释。

首先是子璿对《纂要》的“心”的再解释。《纂要》序分的开头云“心镜本净，像色元空”，子璿释云：

> 心者，性相二宗，所说各异。相宗说者，或以集起为心，唯第八识，集诸种子，起现行故。或以缘虑为心，通于八识，俱能缘虑自分境故。然此所说，但是有为生灭，非今所喻。性宗说者，即如来藏，本源自性清净心也。然今所明，正是此心。[②]

“心”的概念在《金刚经》中屡屡出现，如“庄严净土分”云，“不应住色生心，不应住声香味触法生心，应无所住而生其心”[③]。这里的“心”应该是与“境”相对的“心”，即现象的“心”、生灭的“心”。而宗密的“心镜本净”之“心”也是指与“像”相对的现象的“心”，宗密只是强调此“心”本质上是清净的。对于《金刚经》和《纂要》的“心”，子璿做了独特的解释。子璿首先对“相宗”之“心”和“性宗”之“心”进行了区分，即“相宗”之“心”是“第

---

① 吉津宜英：《长水子璿的〈金刚经理解——以“金刚经纂要刊定记”为中心〉》，《大乘佛教思想の研究：村中祐生先生古稀纪念论文集》，山喜房佛书林，2005年，第210页。

② 《金刚经纂要刊定记》卷1，《大正藏》第33册，第171页中。

③ 《金刚般若波罗蜜经》卷1，《大正藏》第8册，749页下。

八识”或包括第八识在内的八识全体；而“性宗”之“心”则是“如来藏”或“自性清净心”。在此基础上，子璿认定《金刚经》以及宗密的《纂要》中的“心”非“相宗”之“心”而是“性宗”之“心”。值得注意的是，子璿进一步联系《起信论》和华严教学、菏泽禅的说法来解说此“心”。在他看来，此“心”也就是《起信论》中俱含“真如门”和“生灭门”的“一心”，也是澄观的《华严经普贤行愿品疏》和宗密的《行愿品疏钞》中的“一真法界”，也是菏泽神会“知之一字，众妙之门”中的“知”。本来，《金刚经》中的“心”和《纂要》中的“心”都是与外境相对的现象之心，是有为法，并非不生不灭的自行清净心。在这个意义上说，子璿的解释并不符合《金刚经》和《纂要》的原义，而是他站在“性宗”的立场对“心”进行的再解释。

关于《金刚经》等般若类经典在教判中的位置，宗密的不同著作有不同的说法。在《圆觉经大疏》中，宗密原原本本继承了法藏的“五教”说，即将唯识和空观皆判为“大乘始教”。而在《原人论》中，宗密又提出人天教、小乘教、大乘法相教、大乘破相教、一乘显性教，《金刚经》作为“破相教”的经典，其位相高于作为“法相教”的唯识经典。在《禅源诸诠集都序》卷上之二中，宗密又提出与“三宗”相对应的“三教”即“密义依性说相教”“密意破相显性教”“显示真心即性教”，而《金刚经》作为第二“密意破相显性教”在位相上高于唯识经典，而又低于《圆觉经》《大乘起信论》等经论。与宗密多种教判说相比较，子璿在《刊定记》中没有明确提出自己的判教思想，或者说其判教思想就是对华严教学传统的判教思想的解构，这在他对《金刚经》的思想定位方面表现得尤为突出。

子璿在解释《纂要》的“叙说般若意”时云，凡夫一切烦恼的根源是我执和法执，而般若则是如来为众生提供的对治之药：

> 如来意欲尽众生有执之病根，方谈空宗之般若。然大乘教法无量无边，何故此中唯谈般若？谓正能破执大乘初门。二执若除，真性自现，故唯谈此，除其病也。故古德云，《华严经》如治国之法、养性之药；般若教如定乱之将、治病之药。①

在这里，子璿虽然也提到“空宗”“大乘初门”等带有判教意味的概念，但其意图显然不是祖述法藏和宗密的判教说，而是打破诸教之间的界限，强调诸教解释如来对治众生烦恼的良药。如“二执若除，真性自现”，就是指破除我执、法执的般若教，与以真性为主题的如来藏教乃至华严教之间并没有截然区别，它们之间是相互衔接、互为一体的。子璿所引古德的话就更明显地彰显了子璿的立场，即《华严经》和般若教虽然有“养性”和“治病”之别，但都是对治众生烦恼之药。

子璿还从“心”的立场对诸教之间的统一性做了论证。小乘教明“心境俱有”，大乘法相宗则讲“境空心有”，般若教讲“心境俱

① 《金刚经纂要刊定记》卷1，《大正藏》第33册，第175页中。

空”。《金刚经》的宗旨就是讲“心境俱空”。但子璿认为,“心境俱空”并不意味着断灭空,即所谓一切皆不存在,恰恰相反,“心境俱空”即是“真心”的显现。只是,这里的“真心”不同于与“境”相对的“心”,但二者又一体不二:

> 以一切诸法皆依此心,若离此心无别有法。故经云:“一切世界因果微尘因心成体”。心之所现名曰依他,执之为实乃名遍计,依计既泯即是圆成。如绳依麻有,蛇托绳生,绳蛇既亡,则麻著矣!此是疏主出《般若》之密意。若据经文,即但言诸法皆空,不言即是真心。故下文云:“离一切相,即名诸佛”,文虽不彰,义实如此。若法性宗,即直于诸法空处显出真心。①

子璿不仅将“真心”与般若“空”相连接,而且进一步用“真心”诠释法相宗的依他起性、遍计所执性和圆成实性。般若教,在法藏和宗密等那里,只是说明诸法皆空的“空宗”,但子璿却认为,只要证得诸法皆空,当下即是“真心”的开显。而这也意味着般若教不仅与法相宗可以相通,甚至可以和华严教学也可以相通。但《金刚经》本身仅仅讲到“诸法皆空”,并没有讲“即是真心”,故子璿认为这是“般若之密意”,即《金刚经》虽然没有明确表述,但经文中包含着这样的意味。子璿引用《金刚经》的“离一切相,即名诸佛”,认为《金刚经》这里实际上就是讲“空”与“真心”相通的

① 《大正藏》第33册,第175页下。

道理。子璿认为明确表达这一思想的就是“法性宗”。

“法性宗”是华严宗第四祖澄观所重视的概念，澄观将“法性宗”与“法相宗”对举，从十个方面比较了它们之间的差异①。从澄观的相关论述看，狭义的“法性宗”是指与新译唯识相区别的如来藏思想，而广义的“法性宗”则包括如来藏思想、顿教和华严教学的思想。子璿将“妄心”与“真心”“空”与“真心”打通，显然要超克“法性宗”和“法相宗”之间的对立。从《金刚经》的思想地位看，子璿显然并非如法藏、宗密那样，将其单纯定位于“般若空宗”，而是将其进一步提升为“法性宗”乃至华严思想的高度。打破“五教”之间的严格区分、站在“心”的立场解释诸教的做法，我们在子璿的《首楞严义疏注经》和《起信论笔削记》中也可以看到，这可以说子璿的一贯立场。可以说，法藏所创立的并被澄观和宗密所继承的华严教判思想，在子璿这里被相对化、被解构了。

小　结

以上，我们考察了智俨的《金刚般若经略疏》、法藏的《般若心经略疏》、宗密的《金刚经纂要》和子璿的《金刚经纂要刊定记》的思想特征。通过考察，我们大体可以看到中国华严思想家对于般若

① 这十个方面包括：一乘三乘别、一性五性别、唯心真妄别、真如随缘凝然别、三性空有即离别、佛有无增减别、二谛空有即离别、四相同时前后别、能断所断能证所证即离别、佛身无为有为别。《华严经疏》卷2,《大正藏》第35册，第512页下。

系经典的基本立场。首先，在对般若类经典的教相判释方面，中国华严思想家基本上将其判为“大乘初教”或“般若空宗”，即将其视为破除凡夫众生我执和法执、获得般若智慧的经典。由于中国华严教学将《华严经》视为根本经典，所以在其判教说中，有崇扬《华严经》而贬抑般若类经典的倾向，如法藏将《华严经》视为“根本”、将《般若经》视为“枝末”等。但这种判释不是绝对的，如在宋代子璿那里，传统的“五教”判别被相对化，子璿更强调般若系经典与“法性宗”乃至华严教学之间的关联性和一体性。

在对般若思想阐发方面，智俨将《金刚般若经》的宗旨规定为实相般若、观照般若和文字般若，并将三种般若分别与理、行、教相对应，即将般若视为随众生的修行过程而显现的智慧。这是在总结《大乘义章》等先行思想基础上作出的崭新解释。此外，智俨还力图借助《起信论》的真如缘起说和《华严经》的唯心说，从缘起的立场对“空”与诸法的关系作出说明。法藏在对《般若心经》的“色不异空，空不异色”进行注释时，从“相违义”“不相碍义”“相作义”等三个层面对“空”与“色”之间相互否定又相互依存的关系做了综合分析，力图将般若“空”义与华严的“无碍”义相融合。而子璿则引入“真心”概念来诠释“空”，认为“诸法皆空”就意味着“真心”现前，力图将般若空观与“法性宗”和华严教学相贯通，表现出“真心”一元论的思想倾向。

般若类经典与华严教学之间的关系定位，既与华严思想家对“圆教”的理解有关系，又与般若类经典在社会上的流行状况等外部情势有关系。唐高祖对《金刚经》的推崇，以及唐玄宗亲自注释《金刚经》，不仅推动了般若系经典在全国的传播，也直接影响到般若系经典在华严教学中的地位。智俨、法藏、宗密、子璿陆续为般若系经典作疏，应该与这种社会背景有关。但在法藏那里，由于他本人具有《华严经》至上的意识，同时具有与当时盛行的法相唯识宗的相对抗的意识，他对待般若类经典的立场比较特殊，这一点在其所著的《华严经传记》的相关记载中有所表现。这涉及唐代的《般若经》信仰与《华严经》信仰之间的互动交涉问题，值得进一步探讨。

附录　第七届中日佛学会议日程表

2017年

10 月 26 日（星期四）

全天：外地代表报到（烟台市福山区福山宾馆）

10 月 27 日（星期五）

15：00 ~ 16：30 参观合卢寺（已报到会议代表）

17：00 ~ 18：00 预备会议（中日代表团全体成员）

地点：福山宾馆

18：00：欢迎晚宴

地点：福山宾馆

10 月 28 日（星期六）

08：30 ~ 09：00 会议代表签到

地点：福山宾馆

09：00 ~ 09：40 开幕式（中国人民大学张风雷教授主持）

1. 当地政府领导致欢迎辞

2. 日本代表团团长、创价大学菅野博史教授致辞

3. 山东省佛教协会会长仁昌法师致辞

4. 中国学者代表、北京大学王邦维教授致辞

5. 山东烟台合庐寺方丈悟实法师致辞

09：40~10：00 摄影留念、茶叙

10：00~11：00 日方代表团·创价大学菅野博史教授发表

题　目:《吉藏〈大品经玄意〉研究序》

主持人: 苏州大学　韩焕忠教授

评议人: 中国计量大学　邱高兴教授

发表 20 分钟，评议 10 分钟（含翻译），开放讨论 30 分钟

11：00 ~ 12：00 中方代表团·东南大学董群教授发表

题　目:《吉藏〈金刚般若疏〉研究》

主持人: 鲁东大学王公伟教授

评议人: 日本驹泽大学奥野光贤教授

发表 20 分钟，评议 10 分钟（含翻译），开放讨论 30 分钟

12：00~14：00 午餐、午休

14：00~15：00 日方代表团·东京大学蓑轮显量教授发表

题　目:《关于日本的三论宗》

主持人: 华南师范大学　李宜静副教授

评议人: 南京大学　杨维中教授

发表 20 分钟，评议 10 分钟（含翻译），开放讨论 30 分钟

15：00 ~ 15：10 第一轮茶叙

15：10 ~ 16：10 中方代表团·中国社会科学院世界宗教研究

所周广荣教授发表

题　目:《试论梵语声字在般若经典中的形态与功能》

主持人：西北大学　李海波教授

评议人：日本东京大学　蓑轮显量教授

发表20分钟，评议10分钟（含翻译），开放讨论30分钟

16：10～16：20第二轮茶叙

16：20～17：20日方代表团·东洋大学伊吹敦教授发表

题　目:《初期禅宗与〈般若经〉》

主持人：北京师范大学　徐文明教授

评议人：中山大学　龚隽教授

发表20分钟，评议10分钟（含翻译），开放讨论30分钟

18：00晚餐

10月29日（星期日）

10：00～12：00“吉藏大师与佛教中国化”学术座谈会

08：50～09：50中方代表团·西藏民族大学喻长海讲师发表

题　目:《初章与三论宗思想的奠基》

主持人：云南大学 杨勇副教授

评议人：日本创价大学　菅野博史教授

发表20分钟，评议10分钟（含翻译），开放讨论30分钟

09：50～10：00第一轮茶叙

10：00～11：00日方代表团·东洋大学渡边章悟教授发表

题　目：《〈般若经〉的思想意图》

主持人：山东大学　陈坚教授

评议人：中国人民大学　惟善副教授

发表 20 分钟，评议 10 分钟（含翻译），开放讨论 30 分钟

11：00～11：10 第二轮茶叙

11：10～12：10 中方代表团·中央民族大学乌达木讲师发表

题　目：《关于托忒文〈八千颂般若经〉版本谱系的考释》

主持人：华侨大学　张云江副教授

评议人：日本东洋大学　渡边章悟教授

发表 20 分钟，评议 10 分钟（含翻译），开放讨论 30 分钟

12：10～14：00 午餐、午休

14：00～15：00 日方代表团·驹泽大学奥野光贤教授发表

题　目：《现代日本对中国三论宗的研究》

主持人：北京信息科技大学　韩剑英副教授

评议人：中国人民大学　宣方副教授

发表 20 分钟，评议 10 分钟（含翻译），开放讨论 30 分钟

15：00～15：10 第一轮茶叙

15：10～16：10 中方代表团·中国人民大学张文良教授发表

题　目：《中国华严教学中的般若系经典》

主持人：上海师范大学　伍小劼副教授

评议人：日本东洋大学　伊吹敦教授

发表 20 分钟，评议 10 分钟（含翻译），开放讨论 30 分钟

16：10～16：20 第二轮茶叙

16：20～17：00 闭幕式（中国人民大学张文良教授主持）

1. 中国人民大学党委常务副书记张建明教授致辞

2. 日方代表团团长、创价大学菅野博史教授致辞

3. 中方学者代表、东南大学董群教授致辞

4. 会议承办方负责人、山东合卢寺方丈悟实法师致辞

5. 会议主办方负责人、中国人民大学张风雷教授致辞

6. 中日代表团互赠礼物

17：30 招待晚宴

10 月 30 日（星期一）

参观蓬莱阁、甲骨文纪念馆

10 月 31 日（星期二）

返程、归国